Name: _____

Adresse: _____

_____

AF216480

Alexis Feldmeier | Sylvia Neuendorf | Petra Paschen | Johanna Thurau

Von A bis Z – Alphabetisierungskurs | A1

Deutsch als Zweitsprache für Erwachsene

Übungsbuch

 Alles Digitale zu diesem Buch kann auf der Lernplattform **allango** von Ernst Klett Sprachen abgerufen werden. So geht's:

 QR-Code scannen oder **www.allango.net** aufrufen | Buchtitel oder ISBN in der Suche eingeben und auf das Buchcover klicken | Zum Inhalt navigieren, direkt abrufen oder speichern

Ernst Klett Sprachen
Stuttgart

Autorinnen und Autoren: Alexis Feldmeier, Sylvia Neuendorf, Petra Paschen, Johanna Thurau
Beratung: Dr. Ulrike Landzettel
Redaktion: Coleen Clement, Berlin
Herstellung: Claudia Stumpfe
Layoutkonzeption: Petra Michel, Bamberg; Claudia Stumpfe
Illustrationen: Vera Brüggemann, Bielefeld
Gestaltung und Satz: Petra Michel, Bamberg; Regina Krawatzki, Stuttgart
Umschlaggestaltung: Silke Wewoda

Herzlichen Dank an die Firma Hans Zybura Software (www.zybura.com)
für das Zurverfügungstellen ihrer Schriften „Zarb-Geheimschrift" (□□□□),
„Zarb Flaschenpost" (Zart) und „Zarb Halbschrift" (Zarb).

**Informationen und zu diesem Titel passende Produkte finden Sie auf
www.klett-sprachen.de/vonabisz**

1. Auflage   1 ⁱ⁶ ¹⁵ ¹⁴ | 2026 25 24

© Ernst Klett Sprachen GmbH, Rotebühlstraße 77, 70178 Stuttgart 2011.
Alle Rechte vorbehalten. Die Nutzung der Inhalte für Text- und Data-Mining ist
ausdrücklich vorbehalten und daher untersagt.

www.klett-sprachen.de

Druck und Bindung: Elanders Waiblingen GmbH

ISBN: 978-3-12-676041-6

Alle Hörtexte finden Sie auf den beiden Audio-CDs im Kursbuch.

A a Neu im Kurs

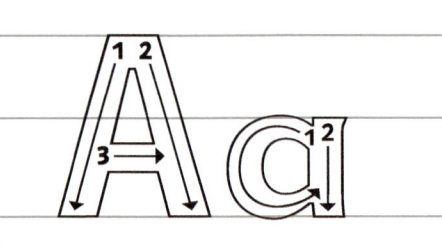

 1 A a Markieren Sie.

Aziza Fatima **A**potheke Deutschl**a**nd Must**a**f**a**

 2 Schreiben Sie.

 3 Malen Sie A und a auf einen Karton. Schneiden Sie die Buchstaben aus.

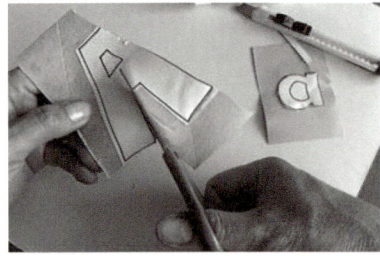

 4 Basteln Sie zwei Buchstabenkärtchen.

5 Hören Sie und markieren Sie A und a . Schreiben Sie.

 Hassan   H __ ss __ n

 Nuran   Nur __ n

 Ibrahim   Ibr __ him

 Mustafa   Must __ f __

 Pakpao   P __ kp __ o

 Aziza   __ ziz __

 Mariam   M __ ri __ m

 Fatima   F __ tim __

 6 Wer fehlt? Sehen Sie im Kursbuch nach und schreiben Sie den Namen.

 _____

7 Wer sagt was? Hören Sie und ordnen Sie zu.

1/5

1. Ich bin Mustafa.

2. Ich bin Fatima.

3. Ich bin Ibrahim.

4. Mein Name ist Mariam.

5. Mein Name ist Pakpao.

8 Was sagen die Personen? Schreiben Sie.

Ich bin Aziza.

Mein Name ist Mehmet.

9 Malen Sie eine Person aus Ihrem Kurs. Was sagt sie? Schreiben Sie.

10 Gibt es in Ihrem Kurs Vornamen mit A und a ? Schreiben Sie.

11 Hören Sie: Wer antwortet richtig ☺ ? Wer antwortet falsch ☹ ? Malen Sie Smileys.

1/6

1 ◯   2 ◯   3 ◯

12 Hören Sie den ganzen Text, kontrollieren Sie und ergänzen Sie die Sätze.

1/7

1. Ich _____ Fatima .

2. Ich _____ Mariam .

3. Ich _____ Mustafa .

13 Hören Sie, sprechen Sie nach und klatschen Sie mit.

1/8

Ich   bin   Mus   ta   fa.

Ich   bin   Fa   ti   ma.

Ich   bin   Has   san.

Wer sind Sie?

Wer bist du?

I i

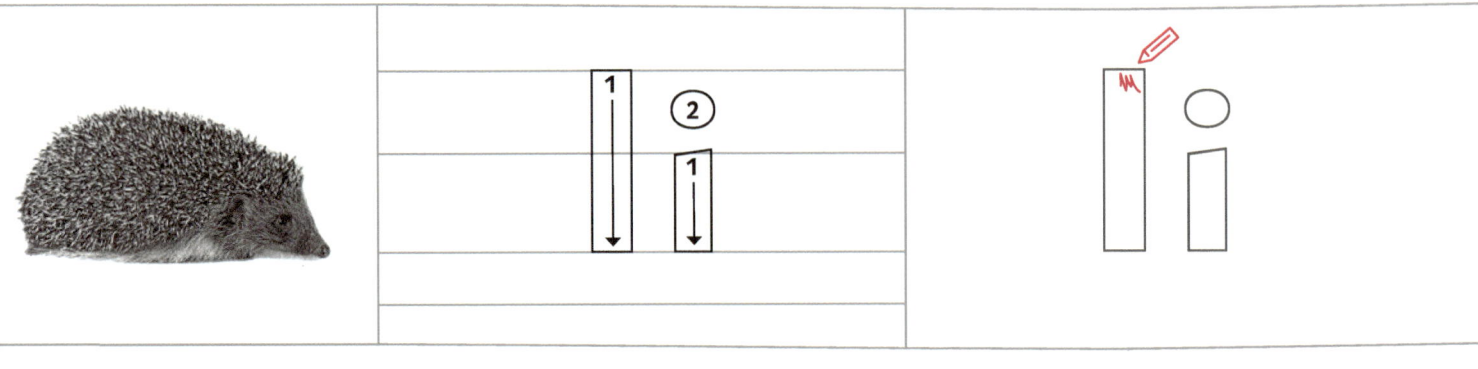

14 I i Markieren Sie.

Irak   **i**ch   **I**nformation   **I**brahim   Türke**i**   **I**ran

15 Schreiben Sie.

16 Malen Sie **I** und **i** auf einen Karton. Schneiden Sie die Buchstaben aus. Malen Sie den i-Punkt farbig an.

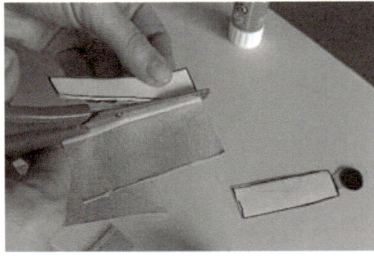

17 Basteln Sie zwei Buchstabenkärtchen.

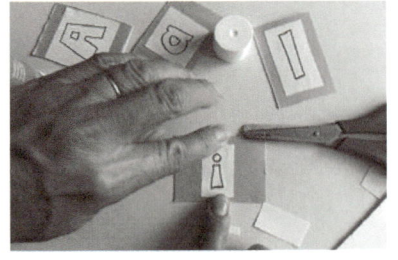

18 Welche Flaggen sind das? Sehen Sie im Kursbuch nach und malen Sie die Flaggen an.

1   2   3   4

Deutschland

5   6   7

 19 Ordnen Sie den Flaggen die Namen der Länder zu. Schreiben Sie.

Marokko   ~~Deutschland~~   Irak   Ägypten
Thailand   Türkei   Iran

 20 Hören Sie und ordnen Sie zu.

/ 13

1. • ●   I rak

2. • ● •   Tür kei

3. ● •   Ma rok ko

4. • ●   Deutsch land

 21 Summen Sie ein Land. Ihre Lernpartnerin / Ihr Lernpartner nennt das Land.

22 Was passt zusammen? Verbinden Sie und schreiben Sie.

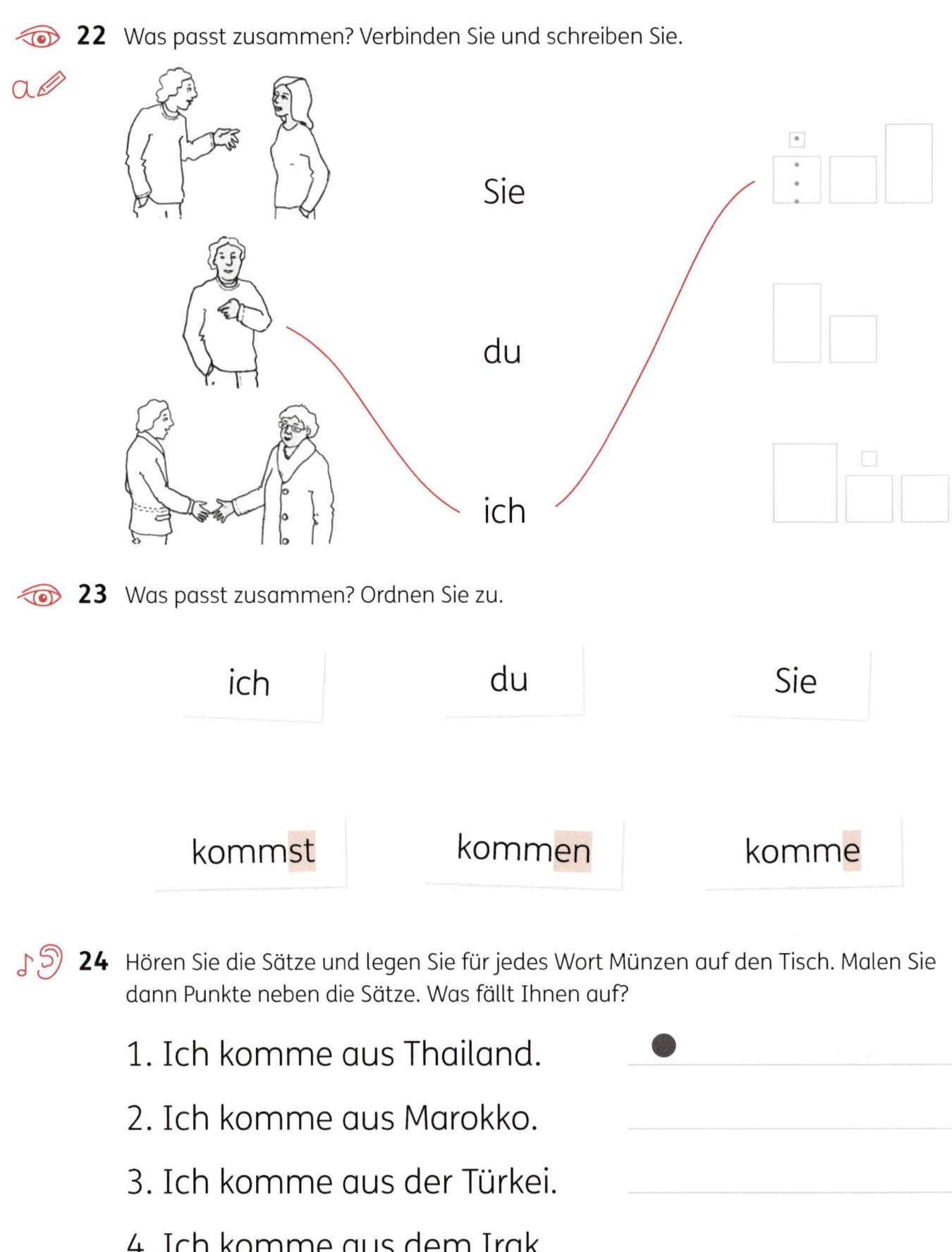

Sie

du

ich

23 Was passt zusammen? Ordnen Sie zu.

ich	du	Sie

kommst	kommen	komme

24 Hören Sie die Sätze und legen Sie für jedes Wort Münzen auf den Tisch. Malen Sie dann Punkte neben die Sätze. Was fällt Ihnen auf?

1. Ich komme aus Thailand.

2. Ich komme aus Marokko.

3. Ich komme aus der Türkei.

4. Ich komme aus dem Irak.

25 Spielen Sie: Schreiben Sie die Wörter aus Aufgabe 23 auf Kärtchen. Legen Sie sie verdeckt auf den Tisch und ziehen Sie zwei Karten. Passen sie zusammen?

ich   *komme*

26 Hören Sie: Wer antwortet richtig ☺ ? Wer antwortet falsch ☹ ? Malen Sie Smileys.

/14

1  ◯   2  ◯   3  ◯   4 ◯

/14 **27** Hören Sie die falschen Sätze noch einmal. Korrigieren Sie.

28 Hören Sie, sprechen Sie und klatschen Sie mit.

/15

●	●	●
ich bin	du bist	Sie sind

● ˙	●	● ˙
ich komme	du kommst	Sie kommen

29 Machen Sie Sätze. Sprechen Sie zuerst auf Deutsch und dann in Ihrer Muttersprache.

Ich bin ...   Du bist ...   Sie sind ...

...

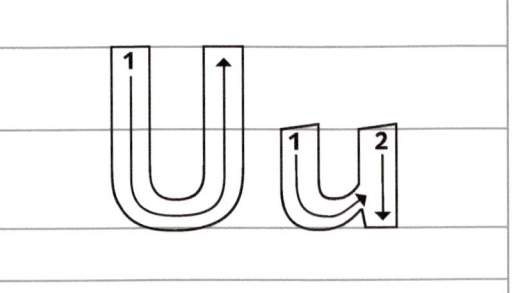
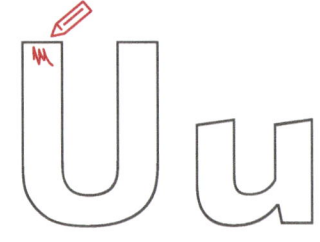

 1 U u   Markieren Sie.

Uhr   Runak   Deutschkurs   gut   suchen   du

 2 Schreiben Sie.

 3 Malen Sie U und u auf einen Karton. Schneiden Sie die Buchstaben aus. Basteln Sie auch zwei Buchstabenkärtchen.

 4 Legen Sie Ihre Kartonbuchstaben in eine Tasche. Suchen Sie U und u mit den Händen.

5 Erinnern Sie sich? Ordnen Sie zu und erklären Sie.

du

Sie

 6 Hören Sie die Fragen und zeigen Sie oben auf das richtige Bild.

Wer sind Sie?   Wer bist du?

Wie ist Ihr Name?   Wie ist dein Name?

Wie heißen Sie?   Wie heißt du?

7 Hören Sie: Wer fragt richtig ☺ ? Wer fragt falsch ☹ ? Malen Sie Smileys.

/18

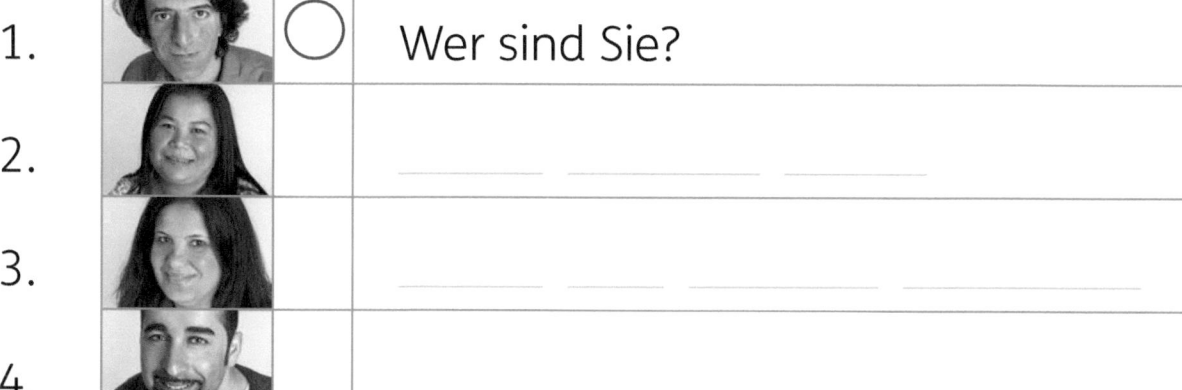

1. ◯ Wer sind Sie?

2. _____ _____ _____

3. _____ _____ _____

4. _____ _____ _____

 8 Hören Sie den ganzen Text, kontrollieren Sie und ergänzen Sie oben die Sätze.

/19

Uu

9 Suchen Sie die Vornamen und kreisen Sie sie ein. Nehmen Sie für jeden Vornamen eine andere Farbe.

(Ulrike)   Runak   Nuran   Mustafa

Fatima   Aziza   Runak   Mehmet   Pakpao

Nuran   Mariam   Mustafa   (Ulrike)   Hassan

10 Was sagt Runak? Ergänzen Sie U oder a .

u̶   u   a   u   a   a   a

Ich bin R u nak Ras___l.

R___s___l ist der F___milienn___me.

Ich komme aus dem Ir___k.

11 Wer sind Sie? Schreiben Sie und lesen Sie vor.

Ich bin _____ .

_____ ist der Familienname.

Ich komme aus _____ .

12 Was passt zusammen? Lesen Sie und verbinden Sie.

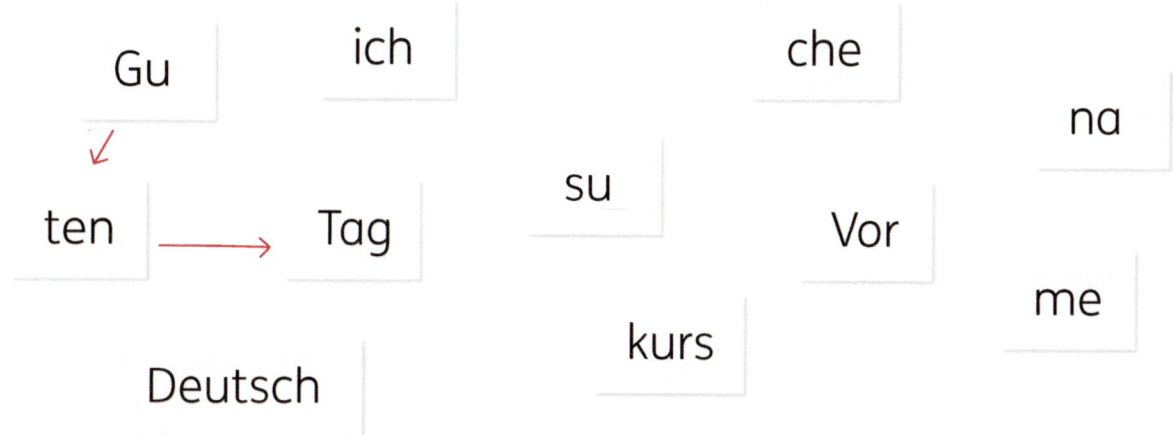

Gu

ich

che

na

ten ⟶ Tag

su

Vor

me

kurs

Deutsch

13 Suchen Sie in Ihrem Kursraum und in Ihrer Sprachschule Wörter mit U u.
Schreiben Sie die Wörter ins Buch. Kreisen Sie die neuen Buchstaben ein.

14 Welche Frage, welchen Satz haben Sie neu gelernt? Schreiben Sie.

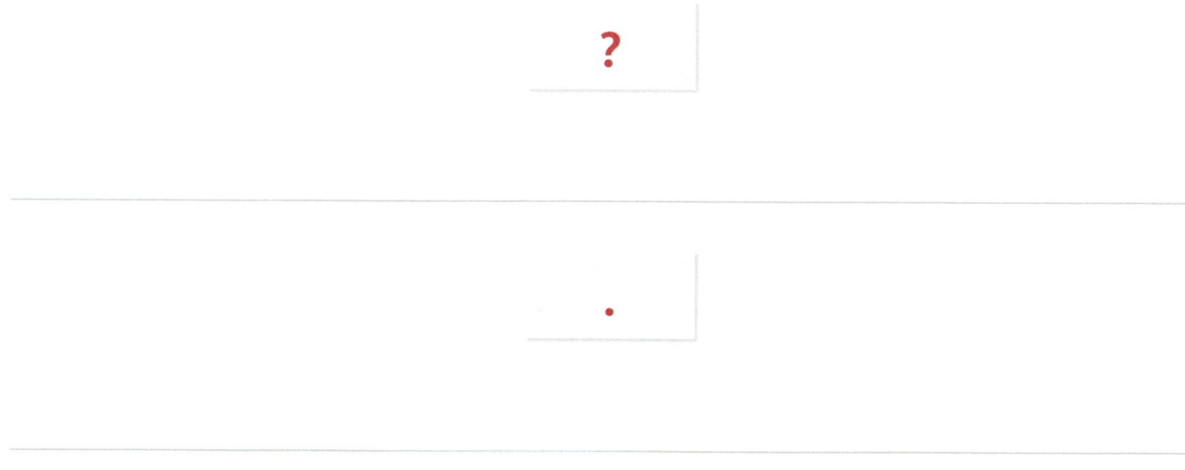

?

.

S s

 15 S s Markieren Sie.

Sie   ist   suchen   Adresse   Hausnummer   das

 **16** Schreiben Sie.

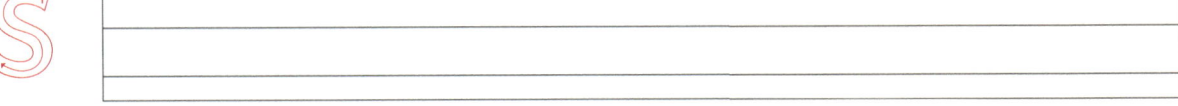

✂ **17** Malen Sie S und S auf einen Karton. Schneiden Sie die Buchstaben aus.
Basteln Sie auch zwei Buchstabenkärtchen.

💬 **18** Ertasten Sie Ihre Kartonbuchstaben mit geschlossenen Augen. Welche Buchstaben
sind groß? Welche sind klein?

19 Sehen Sie die Visitenkarte an. Wo steht was? Hören Sie und ordnen Sie zu.

1. Vorname   2. Familienname

6. Stadt
    Ulrike Kunz
    Annastraße 5   3. Straße
    33649 Bielefeld

5. Postleitzahl   4. Hausnummer

20 Wie sind Ihre Angaben? Ergänzen Sie.

1. Vorname: _____

2. Familienname: _____

3. Straße: _____

4. Hausnummer: _____

5. Postleitzahl: _____

6. Stadt: _____

21 Was passt? Schreiben Sie die Wörter in die Kästchen.

Name   Vorname   Familienname

22 Was passt zusammen? Schreiben Sie und verbinden Sie mit den Verbformen.

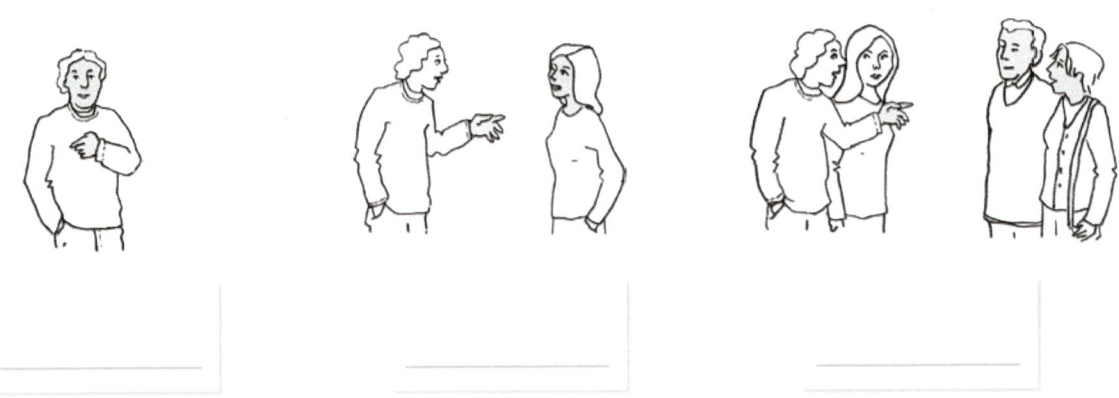

1. heißt	2. heiße	3. heißen
kommst	komme	kommen
bist	bin	sind
wohnst	wohne	wohnen

23 Schreiben Sie jetzt einige Kombinationen (Personalpronomen + Verb) auf Kärtchen.

ich   *heiße*

24 Spielen Sie: Legen Sie die Kärtchen aus Aufgabe 23 verdeckt auf den Tisch und ziehen Sie zwei Kärtchen. Passen sie zusammen?

25 Übersetzen Sie in Ihre Muttersprache. Schreiben Sie mit deutschen Buchstaben.

heißen ich heiße	
sein ich bin	
kommen ich komme	
wohnen ich wohne	

26 Schreiben Sie Ihren Vor- oder Familiennamen, Ihren Straßennamen oder Ihr Land. Malen Sie auffällige Stellen bunt.

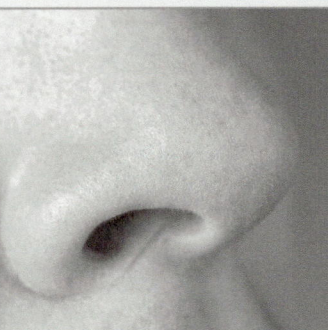

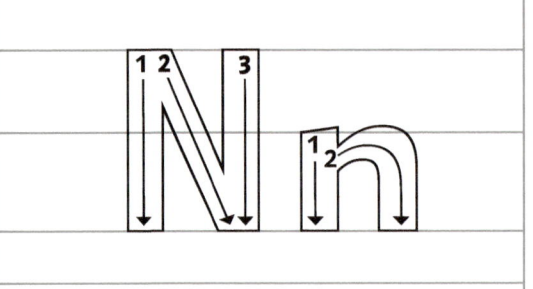

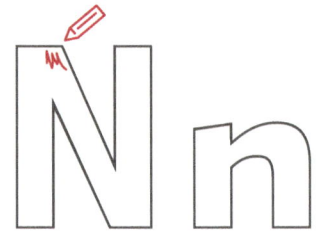

1 N n   Markieren Sie.

Nase   Name   Hassan   nehmen   Linie   Netto

2 Schreiben Sie.

3 Malen Sie N und n auf einen Karton und schneiden Sie die Buchstaben aus.
Wie liegen die Buchstaben richtig? Legen Sie a , i und u daneben.

4 Schreiben Sie mehrere N und n . Nehmen Sie verschiedene Farben und Stifte.

N	n

5 Was passt zusammen? Hören Sie und lesen Sie mit. Ordnen Sie die Bilder zu.

| 3 | Ich bin Hassan. |  1 |

Ich gehe zum Deutschkurs.  2

Ich fahre mit dem Bus.  3

Ich nehme die Linie 7.  4

Ich steige an der Post aus.  5

Ich gehe zu Fuß.  6

6 Schreiben Sie einen Satz aus Aufgabe 5 auf. Notieren Sie auf jedem Kärtchen ein Wort. Ihre Lernpartnerin / Ihr Lernpartner setzt den Satz zusammen.

Ich   *bin*

7 Was ist was? Verbinden Sie.

die Post

die Sparkasse

die Haltestelle

die Bäckerei

die Apotheke

 8 Wie kommen die Kursteilnehmer zum Kurs? Hören Sie und verbinden Sie.

1/27

 mit dem Bus

 mit der U-Bahn

 zu Fuß

 9 Wie kommen Sie zum Kurs? Ergänzen Sie.

 Ich fahre _____ zum Kurs.

 Ich gehe _____ zum Kurs.

10 Lernen Sie auf Ihrem Weg. Fotografieren Sie Schilder.
Drucken Sie die Bilder aus und machen Sie eine Collage.

 11 Welche Wörter gibt es auf Ihrem Weg? Malen Sie und schreiben Sie.
Ihre Kursleiterin / Ihr Kursleiter hilft Ihnen.

 12 N n   Suchen Sie die Buchstaben in Ihren Wörtern und markieren Sie sie.

 13 Sprechen Sie Ihre Wörter. Wie viele Silben sind es? Legen Sie für jede Silbe Münzen
und malen Sie Punkte neben Ihre Wörter.

Ee

14 E e Markieren Sie.

Edeka   Sparkasse   Mehmet   gehen   fahren

15 Schreiben Sie.

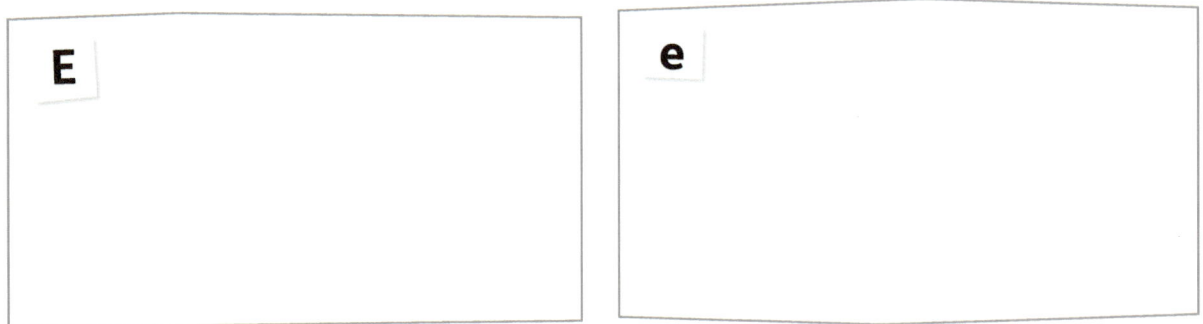

16 Schneiden Sie aus Zeitschriften E und e aus und kleben Sie die Buchstaben ins Buch.

E

e

17 Basteln Sie Buchstabenkärtchen und Kartonbuchstaben.

18 Nehmen Sie Ihre Kartonbuchstaben E e, N n und U u und ertasten Sie sie: Wie viele „Beine" haben die Buchstaben?

 19 Was ist das? Sprechen Sie die Wörter langsam in Silben und ergänzen Sie E e .

3

Das ist __ d __ ka.

Das ist R __ w __ .

Das ist die Sparkass __ .

Das ist die Apoth __ k __ .

Das ist die Halt __ st __ ll __ .

 20 Hören Sie und ergänzen Sie den fehlenden Buchstaben.

1. Ich geh __ zum Deutschkurs.

2. Ich fahr __ mit dem Bus.

3. Ich nehm __ die Linie 7.

4. Ich steig __ an der Post aus.

5. Ich geh __ zu Fuß.

Ee

21 Markieren Sie A a , I i , U u , E e mit verschiedenen Farben und zählen Sie. Wie oft finden Sie die Buchstaben?

> Edeka
>
> Sparkasse
>
> Familienname
>
> ich
>
> Bus
>
> Mehmet
>
> Aldi
>
> Deutschkurs
>
> Adresse

A a ☐   I i ☐   U u ☐   E e ☐

22 Hören Sie und lesen Sie die Zahlen mit.

1	eins	4	vier	7	sieben	10	zehn
2	zwei	5	fünf	8	acht	11	elf
3	drei	6	sechs	9	neun	12	zwölf

23 Welche Zahlwörter passen? Schreiben Sie.

24 Schreiben Sie die Zahlen 1 bis 12 in die Zahl.

25 Spielen Sie Memory: Machen Sie Kopien von den Logos im Kursbuch und basteln Sie zu jedem Logo zwei Kärtchen. Suchen Sie die Paare.

 26 Blättern Sie zu Aufgabe 5 zurück. Wählen Sie zwei Sätze aus und übersetzen Sie sie in Ihre Muttersprache. Ihre Kursleiterin / Ihr Kursleiter hilft Ihnen.

 27 Schreiben Sie einen deutschen Satz und die Übersetzung auf Kärtchen. Vergleichen Sie.

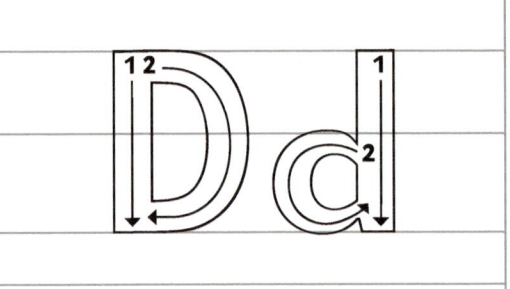
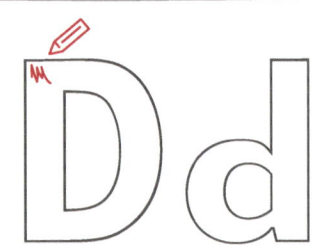

 1 D d   Markieren Sie.

Deutschland   du   Bruder   der   die   das

 2 Schreiben Sie.

 3 Schneiden Sie aus Zeitungen Wörter mit D und d aus.

das

 4 Basteln Sie Kartonbuchstaben und Buchstabenkärtchen.

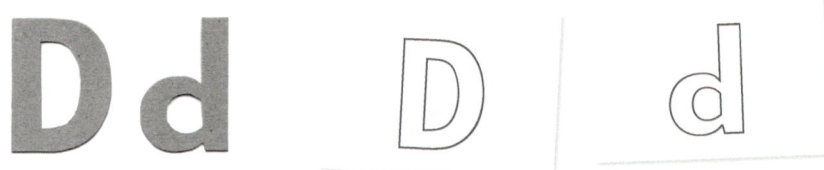

 5 Legen Sie Ihre Kartonbuchstaben in eine Tasche. Finden Sie D und d ? Warum?

6 Hören Sie den Text aus Aufgabe 6 im Kursbuch noch einmal und ordnen Sie die Bilder.

4

7 Sehen Sie die Bilder an und wiederholen Sie Nurans Sätze.

8 Ergänzen Sie die Artikel. Schreiben Sie mit einem blauen und mit einem roten Stift.

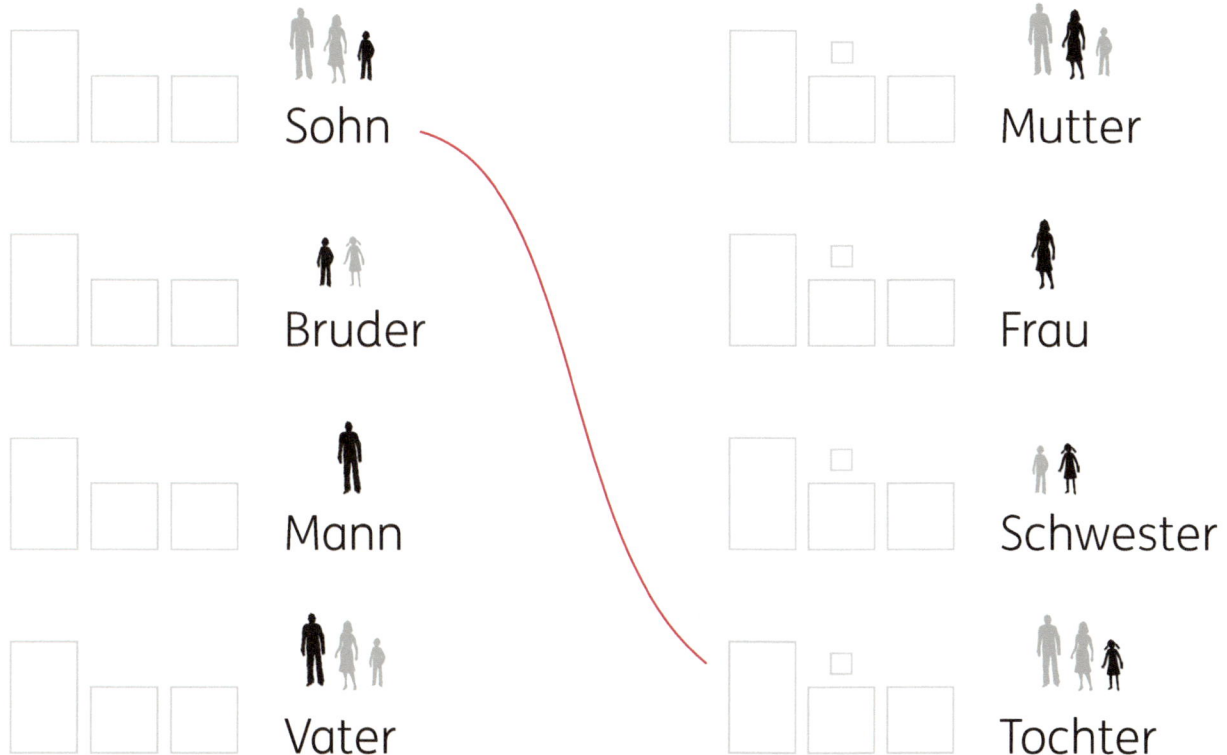

9 Was passt zusammen? Verbinden Sie oben die Paare.

Dd

 10 Welche Wörter können Sie hier schreiben?

der Sohn

das Kind

die Tochter

   11 Hören Sie und lesen Sie die Sätze. Ergänzen Sie.

sie ♀   er ♂

 Das ist die Mutter, _sie_ heißt Nuran.

 Das ist die Tochter, _____ heißt Sevim.

 Das ist die Schwester, _____ heißt Ada.

 Das ist der Sohn, _____ heißt Deniz.

 Das ist der Bruder, _____ heißt Sinan.

 Das ist der Mann, _____ heißt Fatih.

12 Schreiben Sie die Pronomen unter das richtige Bild.

du   sie   ich   er   es

 13 Sehen Sie in Ihrem Haus die Familiennamen auf dem Klingelschild oder am Brief-

kasten an. Gibt es Namen mit **D** oder **d** ? Schreiben Sie zwei Familiennamen.

Familie _____

Familie _____

 14 Malen Sie die Wörter in der richtigen Farbe aus.

 15 Schreiben Sie die Personalpronomen er, sie, es auf Kärtchen. Nehmen Sie Ihre
Artikel-Kärtchen dazu, mischen Sie alle Kärtchen und lesen Sie die Wörter.

R r

16 R r Markieren Sie.

der   vier   groß   Runak   Kinder   Nuran   Ibrahim

17 Schreiben Sie.

18 Malen Sie mit einem Pinsel auf ein großes Blatt: R r

19 Basteln Sie Kartonbuchstaben und Buchstabenkärtchen. Welchen Artikel können Sie jetzt mit Ihren Buchstaben legen?

20 Ertasten Sie Ihre Kartonbuchstaben D d und R r . Welcher Buchstabe ist rund?

21 Wer sagt was? Hören Sie noch einmal den Dialog im Kursbuch und ordnen Sie zu.

/ 36

> Ich weiß nicht.

> Ja, ich habe zwei Kinder.

> Ich habe vier Kinder.

> Ibrahim, haben Sie Kinder?

22 Was passt wo? Schreiben Sie.

hast   hat   haben   habe

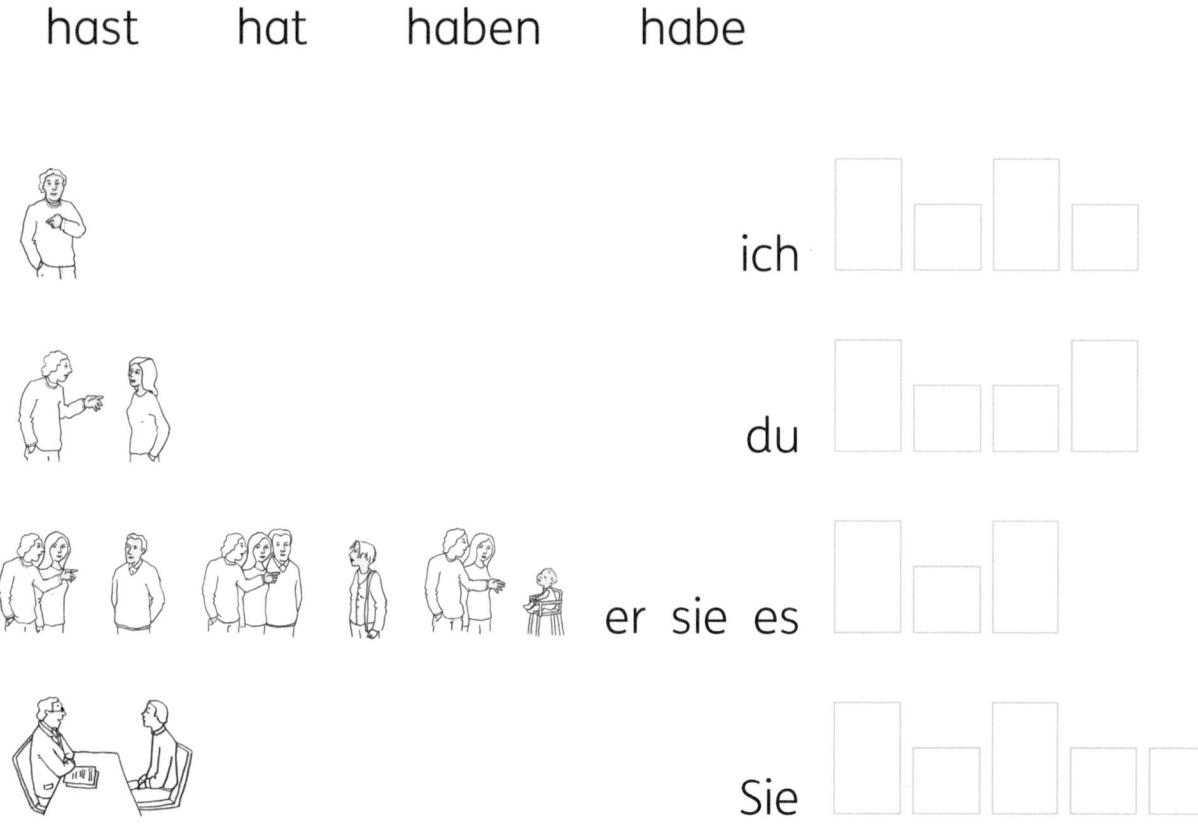

ich

du

er sie es

Sie

23 Sehen Sie sich Ihr Familienfoto im Kursbuch noch einmal an. Wer ist auf dem Foto?
Schreiben Sie.

Das ist mein _____

Das ist mein _____

Das ist mein _____

Das ist mein _____

Das _____

24 Sprechen Sie mit Ihrer Lernpartnerin / Ihrem Lernpartner.

> Wie heißt dein Sohn?

> Mein Sohn heißt ...

> Wie heißt deine Tochter?

> Meine Tochter heißt ...

25 Hören Sie, sprechen Sie und klatschen Sie. Finden Sie eine Regel?

der Vater	ein Vater	mein Vater	dein Vater
das Kind	Kind	Kind	Kind
die Mutter	eine Mutter	meine Mutter	deine Mutter

4

26 Spielen Sie zu zweit: Sie haben zwei Spielfiguren. Stellen Sie Ihre Figuren auf die beiden Startfelder. Würfeln Sie zweimal und gehen Sie auf die Buchstaben. Kombinieren Sie die beiden Laute.

Start	**s**	**n**	**d**	**r**	**s**	**n**

Start	**a**	**i**	**u**	**e**	**a**	**u**

27 Wie heißen die Familienwörter in Ihrer Muttersprache?

der Vater	
die Mutter	
der Sohn	
die Tochter	
der Bruder	
die Schwester	

1 Schreiben Sie die Wörter und ergänzen Sie das Formular mit Ihren Angaben.

Vorname: _____

Familienname: _____

Adresse: _____

_____

 2 Sehen Sie noch einmal die Wörter aus Aufgabe 1 an: Wie viele Buchstaben gibt es?
Wo sind die Buchstaben offen?

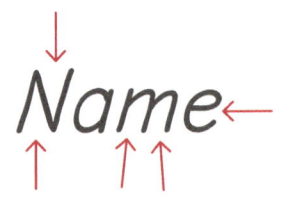

	Buchstaben	**Öffnungen**
Name	N a m e = 4	Name = 5
Vorname		
Familienname		
Adresse		

 3 Schreiben Sie die Wörter von oben auf Kärtchen: Schreiben Sie ein Wort, drehen Sie
das Kärtchen um und schreiben Sie das Wort noch einmal. Kontrollieren Sie.

4 Welches Land können Sie hier sehen? Schreiben Sie.

Thailand   Iran   Türkei   Irak

      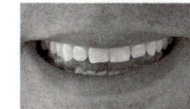   k

W 1

_____   _____   _____   _____   _____

 5 Suchen Sie die Familienwörter.

Y	n	T	o	c	h	t	e	r	G
S	c	h	w	e	s	t	e	r	m
c	R	O	c	V	a	t	e	r	i
h	r	h	B	r	u	d	e	r	Q
U	h	q	M	u	t	t	e	r	b

 6 Welche Buchstaben sind oben in allen Wörtern gleich? Markieren Sie.

 7 Üben Sie die kurzen Wörter. Ergänzen Sie die Tabelle.

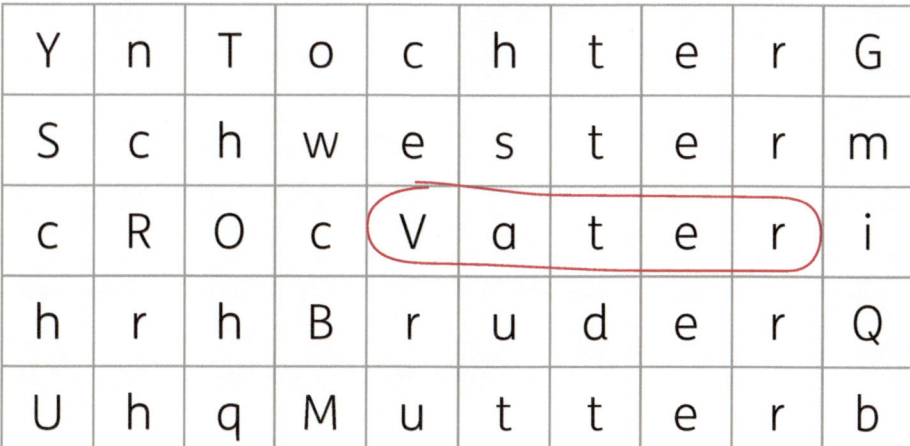

1. ___ _c_ ___

2. ___ ___ ___

3. ___ ___ ___

4. ___ ___ ___

5. ___ ___

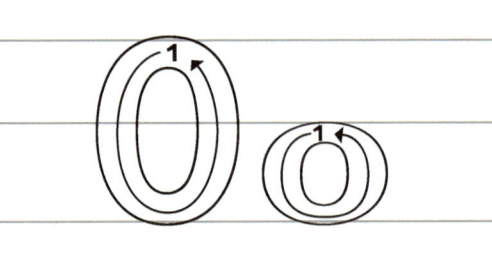

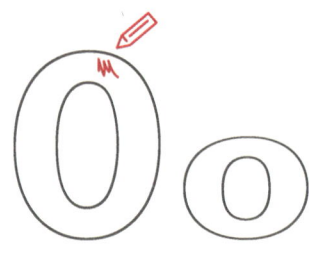

 1 O o   Markieren Sie.

Tomate   Orange   Avocado   Olive   Brot   oder

 2 Schreiben Sie.

 3 Basteln Sie Kartonbuchstaben und Buchstabenkärtchen.

4 Nehmen Sie zu Ihren Kartonbuchstaben das U u und das D d dazu und ertasten Sie die Buchstaben mit geschlossenen Augen.

5 Sehen Sie zuerst die Bilder an. Was kennen Sie noch nicht? Hören Sie dann die Wörter und zeigen Sie auf das richtige Bild.

6 Was ist was? Erinnern Sie sich? Wiederholen Sie die Wörter zu zweit.

7 Lesen Sie zuerst die Wörter in der linken Spalte. Hören Sie dann die Singular- und Pluralformen und markieren Sie die Unterschiede.

	Singular = 1	Plural = 2, 3, …
	die Olive	die Oliven
	die Orange	die Orangen
	die Tomate	die Tomaten
	das Brot	die Brote
	die Nuss	die Nüsse
	der Apfel	die Äpfel
	die Avocado	die Avocados

8 Wie sind die Pluralformen in Ihrer Muttersprache. Vergleichen Sie.

9 Angebote der Woche: Was kosten die Lebensmittel? Hören Sie.

Äpfel   Bananen   Tomaten

1. Ein Kilo _____ kostet 99 Cent.

2. Ein Kilo _____ kostet _____ Euro.

3. Ein Kilo _____ kostet _____ Euro.

10 Schreiben Sie.

 Mustafa   mag _____ .

Mehmet   mag keine _____ .

_____ .

_____ .

11 Hören Sie und lesen Sie die Sätze. Ergänzen Sie dann die Tabelle.

Mustafa mag Bananen.   Was magst du?
Ich mag Orangen.   Mögen Sie Nüsse?

ich	*mag*
du	
er	
Sie	

12 Hören Sie, sprechen Sie und klatschen Sie mit.

der Apfel	die Olive	das Brot	die Tomaten
ein Apfel	eine Olive	ein Brot	Tomaten
kein Apfel	keine Olive	kein Brot	keine Tomaten

13 Ergänzen Sie die Sätze.

1. Das ist _____, das ist eine _____*Birne*_____.

2. Das ist _____, das ist eine _____.

3. Das ist _____, das ist ein _____.

4. Das sind _____, das sind _____.

14 Wie sind die Preise in Ihrem Supermarkt? Ergänzen Sie die Tabelle.

1 Kilo Äpfel _____ €	
1 Kilo Bananen _____ €	

15 Schreiben Sie neue Wörter auf Kärtchen: Wie sind die Artikel? Benutzen Sie Farben.

_____ *Apfel*

5

Mm

✎ **16** M m   Markieren Sie.

Tomate   Gemüse   Marmelade   Blumenkohl   Milch

a✎ **17** Schreiben Sie.

✂ **18** Basteln Sie Buchstabenkärtchen. Nehmen Sie die Buchstabenkärtchen a, e, i, o, u dazu und lesen Sie die Silben.

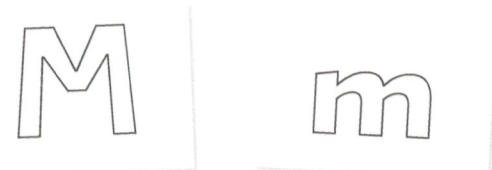

💬 **19** Basteln Sie Kartonbuchstaben. Nehmen Sie M m, N n und S s und ertasten Sie die Buchstaben. Sprechen Sie.

mmm, klein

20 Was gibt es im Supermarkt? Markieren Sie die Wörter und schreiben Sie.

M	a	r	m	e	l	a	d	e
T	o	m	a	t	e	n	u	m
r	M	e	L	d	m	S	r	e
M	i	l	c	h	ü	L	s	h
G	u	S	a	e	s	G	t	B
f	G	e	m	ü	s	e	Y	y

5

_____

_____

_____

 21 Was sucht Runak? Was sagt sie? Hören Sie den Dialog im Kursbuch noch einmal und schreiben Sie jeden Satz zweimal.

Wo finde ich _____?

_____ ?

Wo ist das _____?

_____ ?

Ich suche _____

 _____.

_____.

22 Mehmet sucht einen Supermarkt. Er fragt Sie. Antworten Sie.

> Wo ist ein Supermarkt?

Gehen Sie geradeaus, und nach _____ ,

dann nach _____ und wieder _____ .

Da ist der _____ .

23 Spielen Sie im Kurs Dialoge. Fragen Sie und antworten Sie.

> Entschuldigung, wo ist ...

24 Hören Sie die Dialoge aus Aufgabe 23 im Kursbuch noch einmal. Wie oft hören Sie
die Wörter? Schreiben Sie die Zahl auf.

1/49

1.		Gemüse	
2.		Zahnpasta	
3.		Mineralwasser	
4.		Milch	

25 Schreiben Sie Wörter im Singular und Plural auf Kärtchen. Spielen Sie Memory.

 26 Lesen Sie von den Lippen: Sehen Sie sich noch einmal die Lebensmittel im Kursbuch in Aufgabe 6 an. Artikulieren Sie ein Wort ohne Stimme. Die anderen erraten das Wort.

 27 Welche Fragen und Sätze aus der Lektion möchten Sie lernen? Übersetzen Sie in Ihre Muttersprache.

?

5

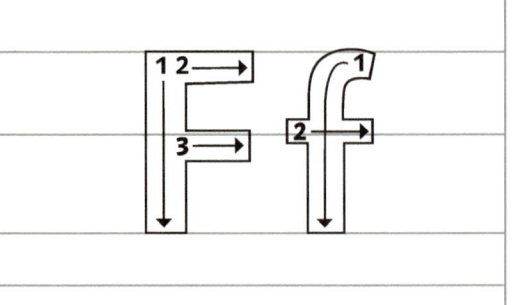

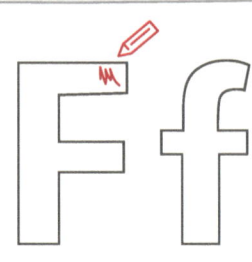

 1 F f Markieren Sie.

Fatima   Schnupfen   Mustafa   Fieber   Kopf

 2 Schreiben Sie.

 3 Gestalten Sie Ihre eigenen Fahnen.

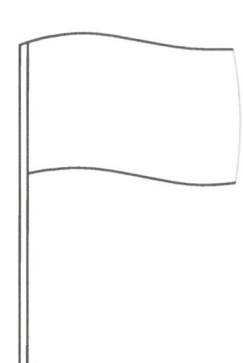

  4 Basteln Sie Buchstabenkärtchen zu F und f . Nehmen Sie alle Buchstabenkärtchen und spielen Sie Memory: Welche Groß- und Kleinbuchstaben gehören zusammen?

5 Was sagen die Leute? Ordnen Sie die Fragen zu. Schreiben Sie sie dann noch einmal.

1. Wie geht es Ihnen ?

Wie _____

2. Wie geht es dir ?

_____

6 Was ist los? Was hast du? Was haben Sie? Verbinden Sie und sprechen Sie.

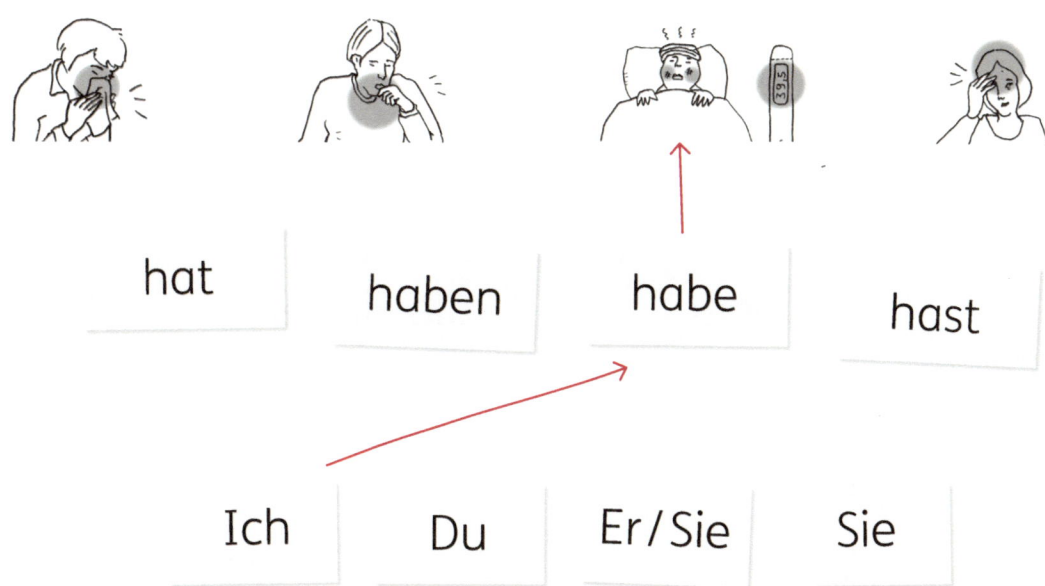

7 Schreiben Sie einen Satz.

_____ ha _____

6

47

8 Wie heißen die Körperteile auf Deutsch? Welche Wörter kennen Sie?
Schreiben Sie.

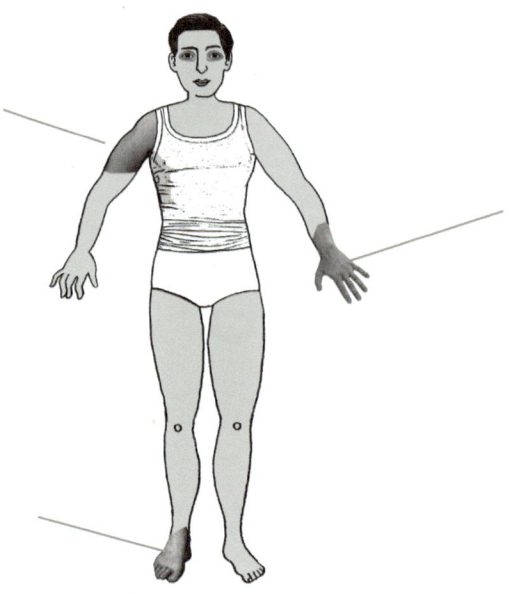

 **9** Was haben wir doppelt oder mehrfach? Vergleichen Sie die Wörter und markieren
Sie die Unterschiede. Malen Sie.

👁	das Auge	die Augen	👁 👁
👂	das Ohr	die Ohren	👂 👂
	der Arm	die Arme	
✋	die Hand	die Hände	
👆	der Finger	die Finger	
	das		
	der		
	das		

 10 Lernen Sie die Wörter: Werfen Sie einen Ball und nennen Sie das Wort im Singular.
Ihre Lernpartnerin / Ihr Lernpartner fängt den Ball und sagt das Wort im Plural.

11 Zu welchem Arzt gehen Sie? Fotografieren Sie Praxisschilder und kleben Sie die Fotos ins Buch.

Hausarztpraxis

Dr. med. A. Farocki
Facharzt für Allgemeinmedizin

6

12 Was können Sie hier schreiben? Finden Sie dieses Wort oben auf einem Schild oder bei Ihren Lernpartnern? Vergleichen Sie.

13 So können Sie neue Wörter lernen: Schreiben Sie ein neues Wort auf ein großes Blatt. Hängen Sie das Blatt im Kursraum oder in Ihrer Wohnung auf, möglichst weit oben. Sehen Sie sich das Wort immer wieder an.

P p

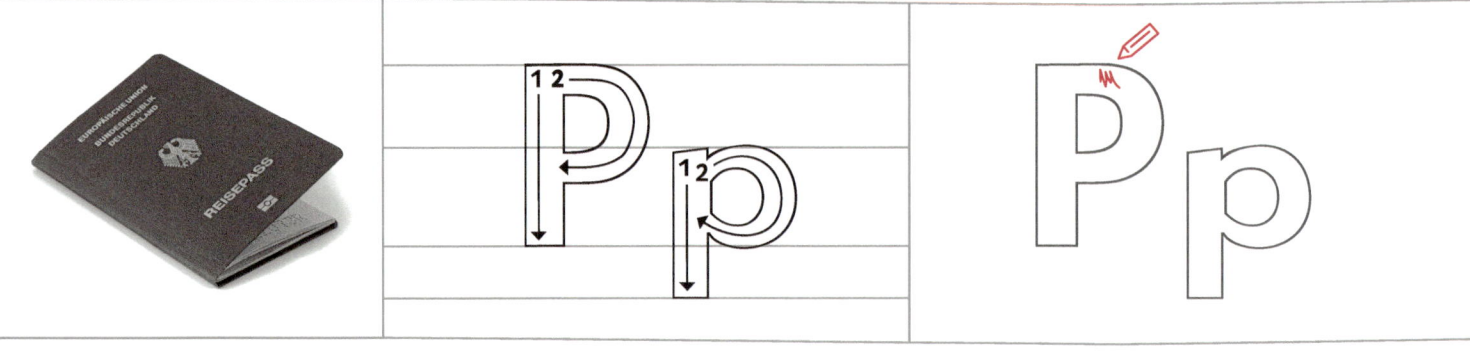

14 **P p** Markieren Sie.

Praxis prima Sprechstunde Petra Apotheke

15 Schreiben Sie.

16 Markieren Sie und zählen Sie. Wie viele große **P** , wie viele kleine **p** finden Sie?

P *p* B p *P* D d p *P* q p P *P* p b *p* q D

☐ P ☐ p

17 Schneiden Sie die Buchstaben **P** und **p** aus einem Karton aus. Ertasten Sie sie hinter Ihrem Rücken. Was fällt Ihnen auf?

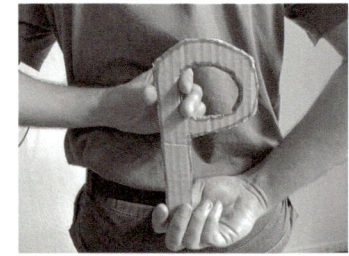

18 Wie spät ist es? Sprechen Sie.

7 Uhr   halb 8   halb 9   9 Uhr

/64

 19 Welche Uhrzeit hören Sie? Nummerieren Sie und vergleichen Sie.

6

20 Welche Ziffer hören Sie zuerst? Markieren Sie und sprechen Sie nach.

			13	14	15	⚠16	⚠17	18	19
⚠20	⚠21	22	23	24	25	26	27	28	29
30									

 21 Hören Sie. Welche Variante ist richtig? Kreuzen Sie an und vergleichen Sie.
/65

13   24   17   21   16   23   18

☒ ☐   ☐ ☐   ☐ ☐   ☐ ☐   ☐ ☐   ☐ ☐   ☐ ☐

 22 Zählen Sie von 0 – 30: vorwärts, rückwärts, in 2er- oder 3er-Schritten.

1. … 8   9   10 …

2. 30   29   28   27 …

3. 0   2   4   6 …

4.  1   4   7 …

23 Lernen Sie die Wochentage mit Gymnastik. Variieren Sie (schneller, rückwärts, …) und machen Sie daraus ein Spiel: Machen Sie eine Geste, Ihre Lernpartner nennen den Tag.

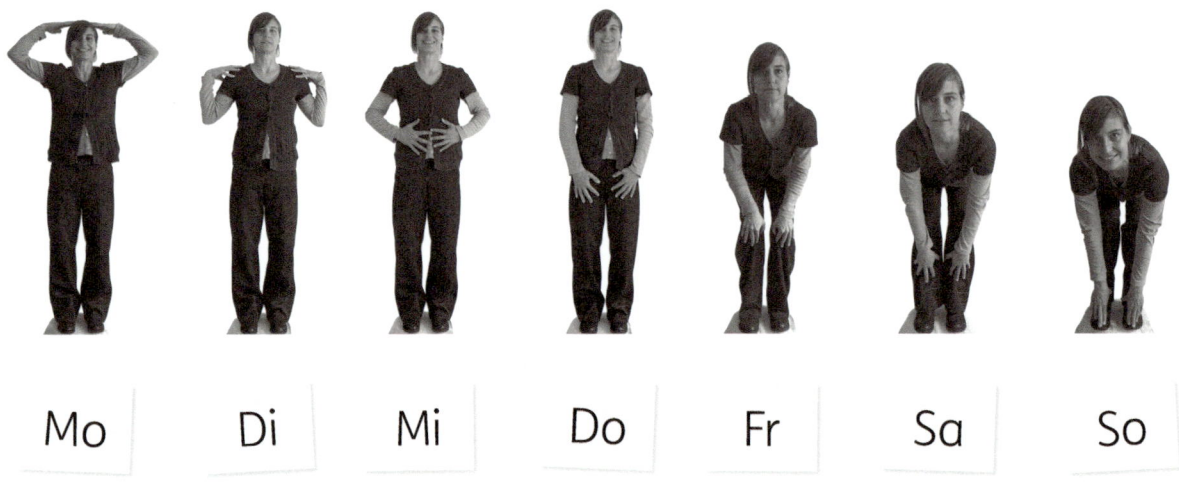

| Mo | Di | Mi | Do | Fr | Sa | So |

 24 Schreiben Sie die Wochentage auf Kärtchen. Nehmen Sie ein Kärtchen und sprechen Sie wie im Beispiel. Suchen Sie den anderen Wochentag.

Heute ist …

Morgen ist …

25 Wer ist auch krank? Schreiben Sie und finden Sie den Namen.

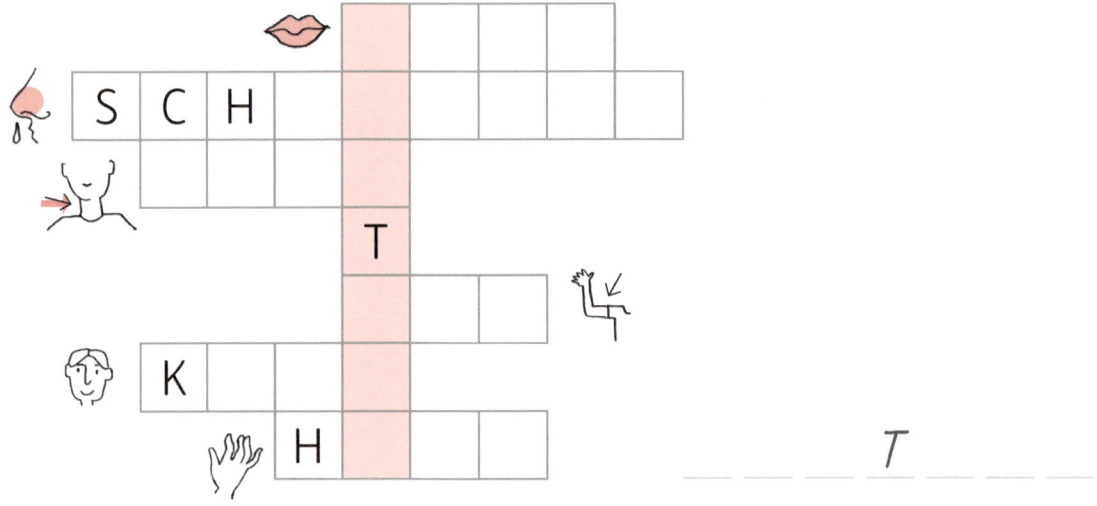

26 Spielen Sie Memory: Schreiben Sie dafür zuerst Kärtchen für die halben und vollen Stunden. Mischen Sie die Kärtchen. Was gehört zusammen? Sagen Sie die Uhrzeiten.

03.00   15.00

06.30   18.30

6

27 Wie heißt die Zahl in Ihrer Sprache? Welche Ziffer sprechen Sie zuerst? Markieren Sie und vergleichen Sie.

	👁	👂 💬
🏴	23	3 und 20

28 Malen Sie einen Körper und benennen Sie die Körperteile. Markieren Sie die Artikel blau, rot, grün.

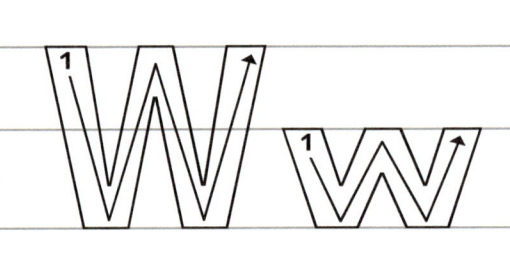
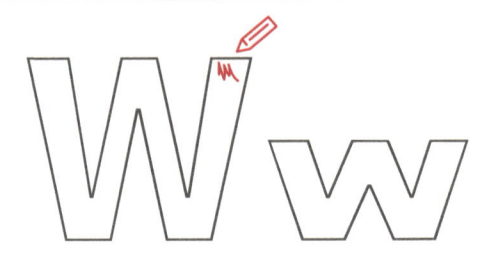

 1 W w Markieren Sie.

Turmweg   wie   wohin   Wilhelmsplatz   wann   wo

 2 Schreiben Sie.

 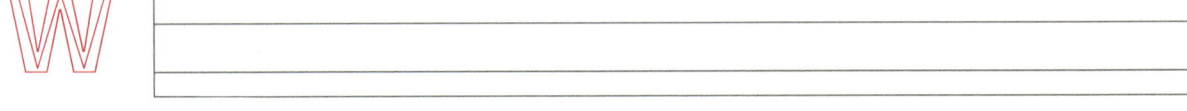

 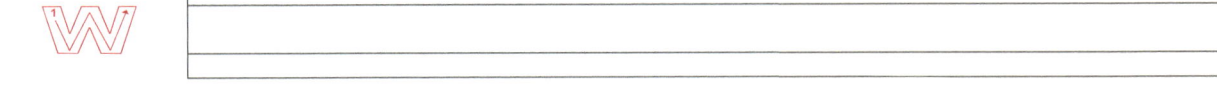

 3 Kleben Sie mit einer Schnur ein W in Ihr Buch.

  4 Basteln Sie Kartonbuchstaben.

Nehmen Sie M und m dazu. Was fällt Ihnen auf?

5 Nehmen Sie Ihre Buchstabenkärtchen und legen Sie Fragewörter. Lesen Sie.

6 Welche Wörter haben Sie gefunden? Schreiben Sie in Ihr Buch und auf Kärtchen.

7 Welche Fragen kennen Sie? Nehmen Sie die Fragewörter aus Aufgabe 6 und fragen Sie Ihre Lernpartnerin / Ihren Lernpartner.

8 Wie heißt das Fragewort? Hören Sie und legen Sie das Fragewort neben das Bild.

1.    W _____ ?

2. 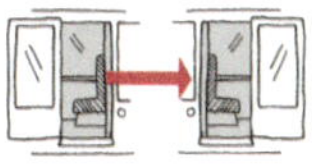   W _____ ?

3. 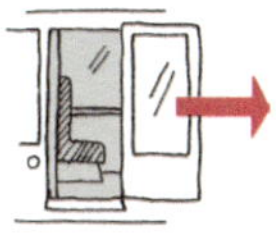   W _____ ?

4.    W _____ ?

5.    W _____ ?

9 Schreiben Sie die Fragewörter ins Buch.

10 Hören Sie noch einmal: Wie viele Wörter haben die Fragen? Legen Sie für jedes Wort ein Kärtchen. Wiederholen Sie die Fragen.

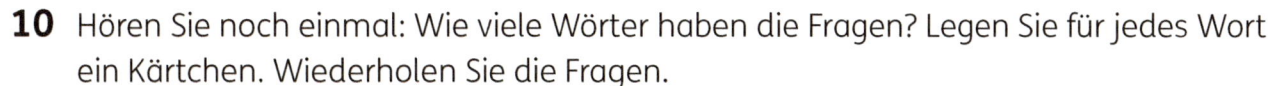

 11 Wie spät ist es?

| 11 Uhr | halb 12 | Viertel vor 12 | 12 Uhr | Viertel nach 12 |

12 Was gehört zusammen? Verbinden Sie.

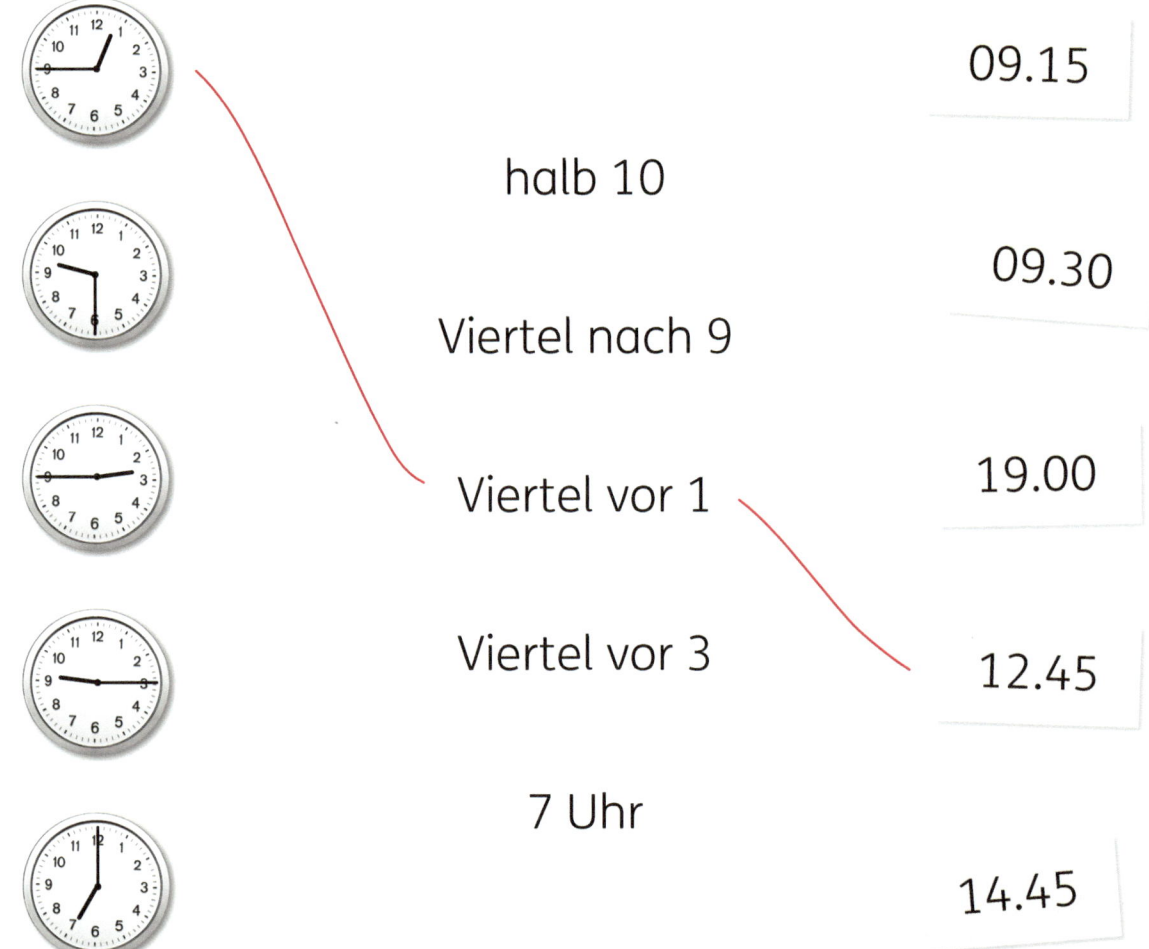

09.15

halb 10

09.30

Viertel nach 9

19.00

Viertel vor 1

Viertel vor 3

12.45

7 Uhr

14.45

 13 Hören Sie und lesen Sie die Zahlen. Sprechen Sie nach.

| 40 | 50 | ⚠60 | ⚠70 | 80 | 90 | 100 |

14 Was hören und sprechen Sie zuerst? Markieren Sie und ergänzen Sie die Tabelle.

👁		👂 💬	
43	_____	und	40
57	7	und	_____
65	5	_____	60
96	_____	_____	90

15 Diktieren Sie sich gegenseitig Zahlen und schreiben Sie sie in Ihr Heft.

16 Wann fährt Ihr Bus / Ihre Bahn? Wann kommen Sie an? Gehen Sie zu Ihrer Haltestelle oder suchen Sie im Internet. Ihre Kursleiterin / Ihr Kursleiter hilft Ihnen.

ab: _____

an: _____

17 Wie lange fahren Sie zum Kurs / zu Ihrem Zielort? Schreiben Sie.

Ich fahre _____ Minuten.

Hh

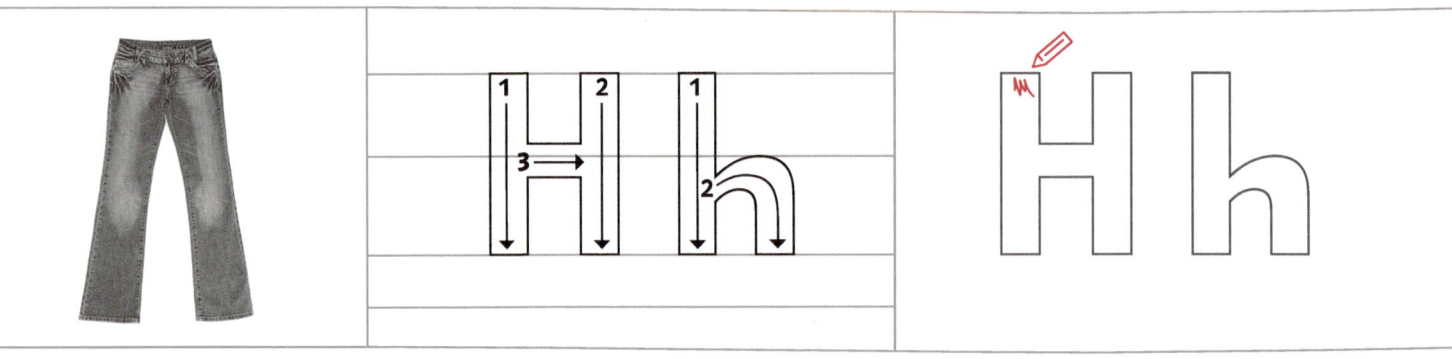

---

 18 H h Markieren Sie.

Hamburg   Fahrkarte   helfen   fahren   wohin

19 Schreiben Sie.

20 Wo sind H und h ?
Malen Sie die Felder aus.
Was sehen Sie?

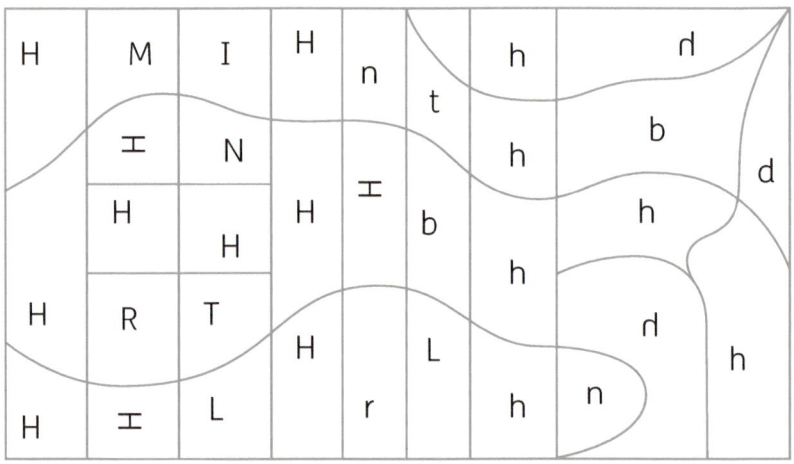

21 Basteln Sie Buchstabenkärtchen. Nehmen Sie a , e , i , o , u dazu und lesen Sie.

22 Legen Sie dann Ihre Kartonbuchstaben in eine Tasche. Finden Sie H h ?

---

23 Was gibt es am Bahnhof? Was macht Mariam, was machen die Leute am Bahnhof? Welche Wörter kennen Sie? Schreiben Sie.

7

 24 Welche Wörter wollen Sie lernen? Schreiben Sie die Wörter auf Kärtchen.

 25 Arbeiten Sie in Gruppen und wählen Sie ein Bild aus. Schreiben Sie einen Text oder einen Dialog in Ihr Heft. Ihre Kursleiterin / Ihr Kursleiter hilft Ihnen. Stellen Sie Ihre Ergebnisse vor.

 26 Welche Städtenamen können Sie hier schreiben? Markieren Sie die Orte auf der Karte im Kursbuch.

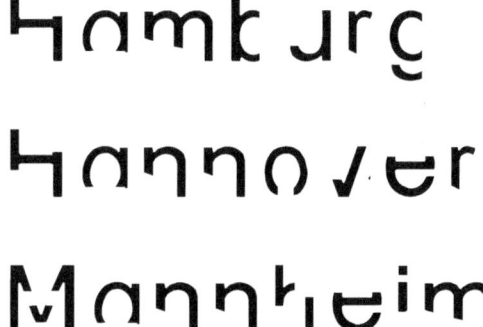

27 Wie viele Silben haben die Wörter? Legen Sie Münzen auf den Tisch.

1/74

1. Bus	1. Fahrkarte
2. Haltestelle	2. Automat
3. Bushaltestelle	3. Fahrkartenautomat

28 Welche Durchsagen hören Sie? Sehen Sie zuerst die Informationen an und hören Sie dann die Durchsagen. Ordnen Sie zu.

1/75

ICE 76 Hamburg Gleis 12	ICE 86 Hannover Gleis 11	ICE 78 Hannover 13:40	ICE 83 Hannover 13:14	ICE 76 Hamburg Gleis 11
☐	*1*	☐	☐	☐

29 Wann fährt der Bus / der Zug? Was ist richtig? Hören Sie und kreuzen Sie an.

1/76

1.		 Pakpao	12.45	☐	12.55	☐
2.		 Ibrahim	8.45	☐	8.54	☐
3.		 Hassan	9.50	☐	9.15	☐
4.		 Aziza	15.15	☐	15.50	☐

30 Spielen Sie. Legen Sie Ihre Buchstabenkärtchen nebeneinander. Würfeln Sie.
Welche Stadt beginnt mit dem Buchstaben?

Essen

A M U E S N

31 Schreiben Sie drei Städte auf. Welche Buchstaben kennen Sie? Markieren Sie.

1. _____

2. _____

3. _____

7

32 Übersetzen Sie und vergleichen Sie. Sprechen Sie.

Ich fahre nach Hamburg.

Der Zug fährt nach Hamburg.

 1 G g　Markieren Sie.

Kindergarten　　grün　　Gummistiefel　　gehen　　Tag

 2 Schreiben Sie.

 3 Formen Sie G und g aus Knetmasse.

 4 Basteln Sie Kartonbuchstaben und Buchstabenkärtchen.

 5 Welcher andere Kleinbuchstabe passt zu g. Warum? Diskutieren Sie.

6 Welche Wörter können Sie hier schreiben?

1. reiFtag _____

2. erdKin _____

3. dlaW _____

4. nickPick _____

5. felstiemiGum _____

7 Hören Sie und markieren Sie wichtige Wörter. Kreuzen Sie an: Wer sagt was?

1. Ich bin die Mutter von Sevim.

2. Guten Tag, Frau Gökdal.

3. Wir gehen in den Wald.

4. Wir machen ein Picknick.

5. Was brauchen die Kinder?

6. Möchten Sie auch mitkommen?

7. Geht das?

8. Ja, natürlich.

8 Hören Sie den Dialog aus Aufgabe 6 im Kursbuch noch einmal. Vergleichen Sie.

/ 2

9 Ein Picknick: Was möchten Sie essen und trinken? Was nehmen Sie mit?
Malen Sie und schreiben Sie.

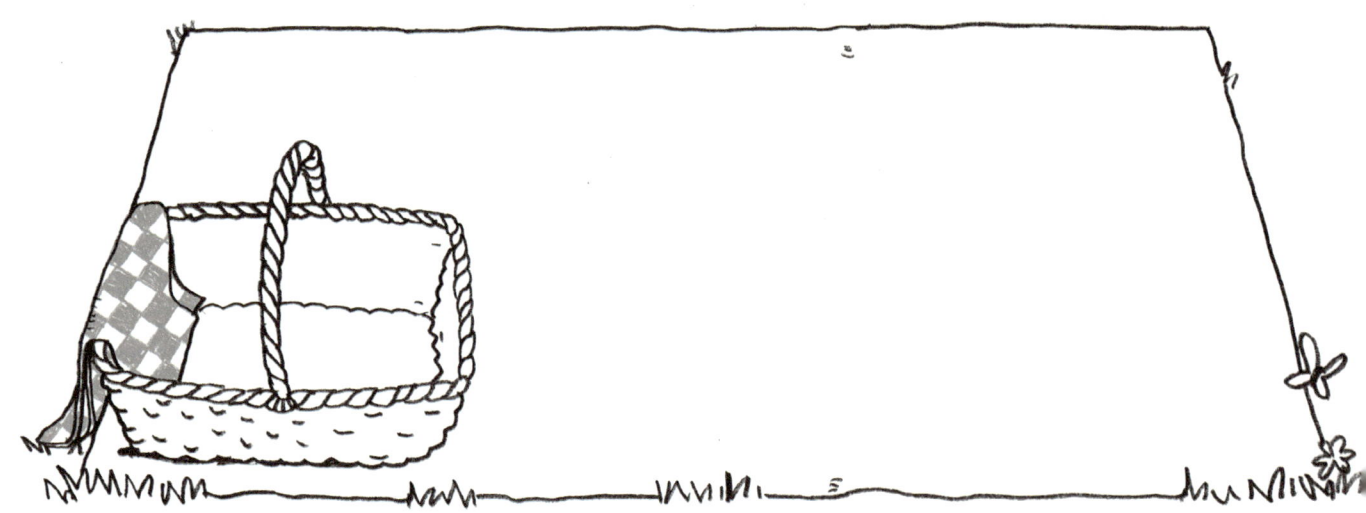

10 Sprechen Sie über Ihre Bilder: Fragen Sie und antworten Sie im Kurs.

... Hunger?

... Durst?

Was möchten Sie?

Was möchtest du?

11 Wie sind die Dialoge?

Durst   möchtest   möchte   Hunger   möchtest

Mama, ich habe _____ .

Was _____ du?

Ich _____ Wasser.

Günay, hast du _____ ?

Was _____ du?

12 Infopost aus Kindergarten und Schule: Bringen Sie Briefe mit. Schreiben Sie zwei wichtige Wörter ab.

_____

_____

13 Übersetzen Sie die Wörter von oben in Ihre Muttersprache.

_____

_____

14 Ein Infoblatt aus dem Kindergarten: Markieren Sie bekannte Wörter.

Information an die Eltern:

Am Freitag machen wir einen Ausflug.

Wir machen ein Picknick.

Wir fahren mit dem Bus.

Die Kinder brauchen 2 € für den Bus.

15 Welche Informationen bekommen Sie? Sprechen Sie.

Tt

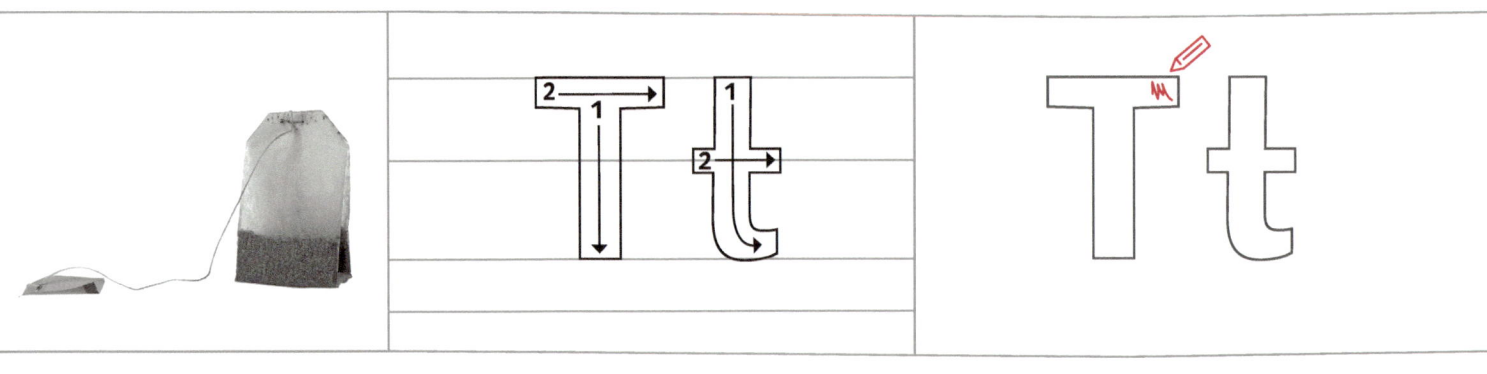

16 T t Markieren Sie.

Guten Tag   türkisch   ich möchte   das ist   heute

17 Schreiben Sie.

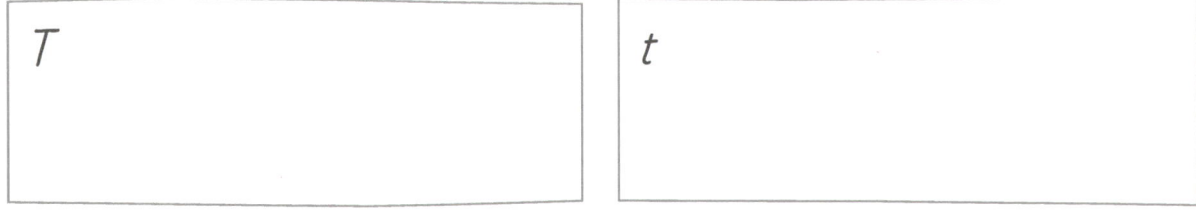

18 Schreiben Sie mehrere T und t . Nehmen Sie verschiedene Farben und Stifte.

T	t

19 Basteln Sie Buchstabenkärtchen und Kartonbuchstaben.

20 Nehmen Sie das große T und die Großbuchstaben E , F und H dazu.
Wie viele „Beine" haben die Buchstaben? Wo sind sie?

21 Sehen Sie den Dialog im Kursbuch an. Wie sind die Sätze? Verbinden Sie.

1. Das ist   Spiele.

2. Heute sind Frau Yigit   die Mutter von Tarik.

3. Sie zeigen euch   das?

4. Wollt ihr   wir?

5. Was spielen   und Frau Gökdal hier.

6. Wir spielen   ein Spiel aus der Türkei.

8

22 Ergänzen Sie im Dialog wir , ihr , sie . Wann schreiben Sie groß?

 Heute sind Frau Yigit und Frau Gökdal hier.

          _____ zeigen euch Spiele.

Wollt _____ das?

 Was spielen _____ ?

 _____ spielen ein Spiel aus der Türkei

          _____ machen zuerst einen Kreis.

23 Wer ist das? Sprechen Sie.

> Das ist ... von ...

24 Wer ist in Ihrem Kurs? Beschreiben Sie eine Person. Die anderen nennen den Namen.

Das ist	🚶‍♀️	🚶	von ...
	die Mutter	der Vater	
	die Freundin	der Freund	
	die Nachbarin	der Nachbar	

25 Welche Wörter beginnen mit **G g** ? Schreiben Sie.

gehen

✗   ✗   ✗

26 Welche Wörter haben in der Mitte ein **t** ? Schreiben Sie.

Eltern

✗   ✗   ✗

27 Was passt zusammen? Verbinden Sie. Nehmen Sie sechs Farben.

ich   du   er
sie   wir   ihr   sie
Sie

will   willst   wollt   wollen

28 Schreiben Sie die Wörter von oben auf Kärtchen. Mischen Sie die Personalpronomen und legen Sie sie als Stapel verdeckt auf den Tisch. Ziehen Sie ein Pronomen und suchen Sie die richtige Verbform. Erweitern Sie das Spiel mit den Formen von möchten.

8

29 Übersetzen Sie neue Wörter in Ihre Muttersprache.

30 Schreiben Sie wichtige Wörter auf Kärtchen und ergänzen Sie Ihr Wörterbuch.

Kindergarten

1 Wiederholen Sie die Wörter. Ordnen Sie die Silben zu.

To   ve   ran   O   ma   ge   te   li   O

_____ _____ _____

 2 Was steht am Ende? Ordnen Sie zu.

ve   gen   ten   ven   te   ge

Singular = 1		Plural = 2, 3, 4, ...	
	O li _____		O li _____
	To ma _____		To ma _____
	O ran _____		O ran _____

 3 Schlagen Sie das Kursbuch auf Seite 54 auf. Was sagen Fatima und Pakpao?

schmer   Fie   fen   Kopf   Grip   zen   ber   Schnup   pe

Ich habe _____ .
Ich habe _____ .
Ich habe _____ .

Fatima hat eine _____ .

4 Welche Wochentage finden Sie? Markieren Sie.

S	U	p	g	c	M	i	t	t	w	o	c	h
g	B	T	F	r	e	i	t	a	g	J	N	P
T	g	D	o	n	n	e	r	s	t	a	g	L
D	i	e	n	s	t	a	g	t	a	g	A	e

5 Schreiben Sie drei Fragewörter mit $\boxed{W}$. Übersetzen Sie.

1. *W* __ ?   _____

2. __ __ __ __ ?   _____

3. __ __ __ __ ?   _____

6 Schreiben Sie Konsonanten aus den Lektionen 6 – 8 in die erste Spalte. Kombinieren Sie die Buchstaben.

	a	**e**	**i**	**o**	**u**
m	*ma*	*me*			

7 Was steht in den markierten Feldern? Lesen Sie die Silben.

In der Freizeit

 1 ß Markieren Sie.

Straße   Fußball   ich weiß   groß   ich heiße

 2 Schreiben Sie.

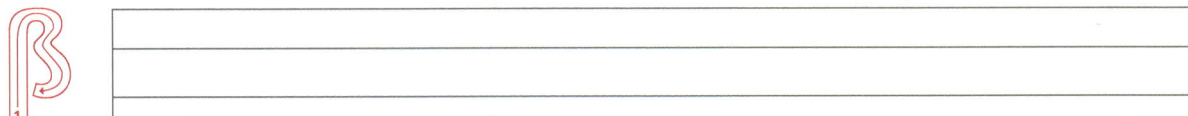

 3 Kleben Sie mit einer Schnur ein ß in Ihr Buch.

 4 Scheiden Sie ein ß aus Karton aus. Nehmen Sie F und u dazu. Welches Wort können Sie legen?

💬 **5** Ist ß ein Großbuchstabe oder ein Kleinbuchstabe? Diskutieren Sie.

6 Lesen Sie und schreiben Sie.

~~e~~   st   t   en   t   en

ich spiele   du spiel _____   er, sie, es spiel _____

(Fußball ⚽)

wir spiel _____   ihr spiel _____   sie, Sie spiel _____

7 Lesen Sie und schreiben Sie.

höre   hörst   hört   hören   hört   hören

ich _____   du _____   er, sie, es _____

(Musik 🎧)

wir _____   ihr _____   sie, Sie _____

8 Lesen Sie: Was fällt Ihnen auf? Markieren Sie und schreiben Sie.

treffe   triffst   trifft   treffen   trefft   treffen

ich _____   du _____   er, sie, es _____

(Freunde 👥)

wir _____   ihr _____   sie, Sie _____

9

9 Das ist Mehmets Kalender: Was macht er **immer, oft, manchmal, nie?**

Mo	Di	Mi	Do	Fr	Sa	So
🎧	🎧	🎧	🎧	🎧	🎧	🎧
📖	📖	📖	📖			📖
	👥			👥		

10 Ergänzen Sie.

oft   nie   manchmal   immer

Mehmet hört _____ Musik.

Mehmet macht _____ Hausaufgaben.

Mehmet trifft _____ seine Freunde.

Mehmet spielt _____ Fußball.

11 Schreiben Sie Sätze. Wo steht das Verb?

1   2   3   4

1. Ich _____ .

2. Wir _____ .

3. Er _____ .

4. Ihr _____ .

12 Gehen Sie nach draußen und suchen Sie Wörter mit ß . Fotografieren Sie
die Schilder und schreiben Sie die Wörter ins Buch.

ß

13 Ergänzen Sie und schreiben Sie die Sätze und Fragen auf Kärtchen.

9

| Ich | spiele | nie | Fußball | . |

| Spielst | du | manchmal | Fußball | ? |

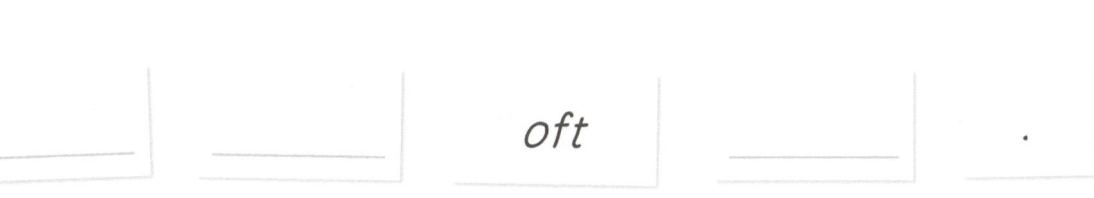

14 Mischen Sie die Kärtchen und legen Sie die Sätze und Fragen. Vergleichen Sie mit
Aufgabe 13. Welche Wörter sind variabel?

Y y

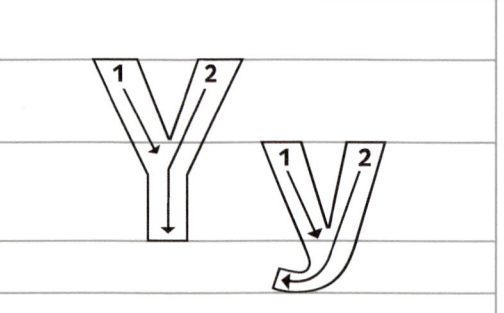

15 Y y Markieren Sie.

Hobby   Herr Yildirim   Baby   Ägypten   Handy

16 Schreiben Sie.

17 Schneiden Sie Y und y aus Sandpapier aus. Streichen Sie darüber:
Was ist bei y anders?

18 Basteln Sie Kartonbuchstaben und Buchstabenkärtchen.

19 Hören Sie und ordnen Sie zu. Markieren Sie danach **Y y** in zwei Farben.

1. Hobby

2. Handy

3. Herr Yildirim

4. Baby

5. Yoga

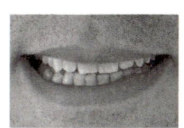

I wie Igel

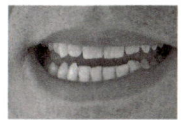

J wie Jacke

 **20** Schreiben Sie.

☺

gern

☹

nicht gern

9

21 Was machen Ihre Lernpartner gern oder nicht gern? Fragen Sie, notieren Sie
die Antworten und berichten Sie im Kurs.

Name	☺ gern	☹ nicht gern
1.		
2.		
3.		

22 Machen Sie ein Ratespiel zu den Hobbys: Geben Sie eine Information über
eine Person im Kurs. Die anderen raten.

 Sein Hobby ist …

 Ihr Hobby ist …

23 Ergänzen Sie die Verben und lesen Sie das markierte Wort.

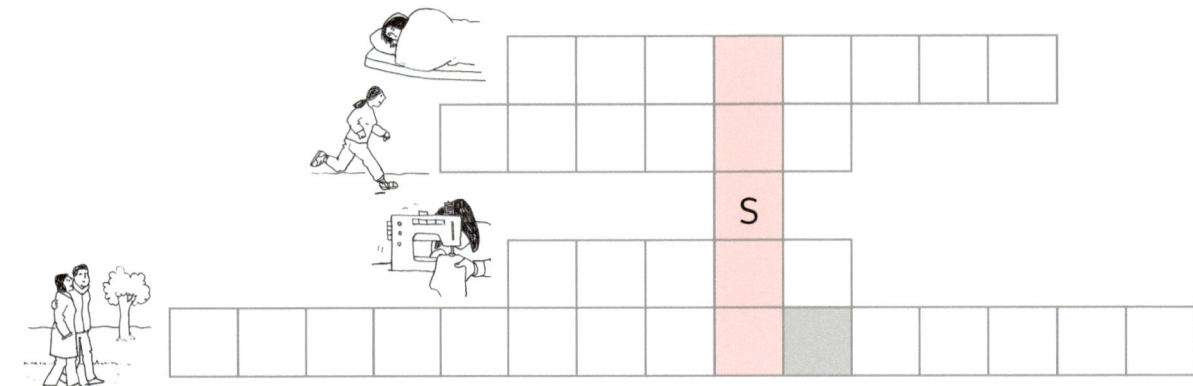

24 Was **muss**, was **kann** Tom machen? Sehen Sie die Bilder an und sprechen Sie.

Mo	Di	Mi	Do	Fr	Sa	So
1				2	3	4

25 Ergänzen Sie.

muss   arbeiten   schlafen
kann   nach Hause gehen   aufräumen

1. Tom _____ lange _____ .

2. Er _____ um 13 Uhr _____ .

3. Er _____ am Samstag _____ .

4. Er _____ am Sonntag bis 11 Uhr _____ .

26 Spielen Sie: Schreiben Sie zuerst Aktivitäten in die Spielfelder.

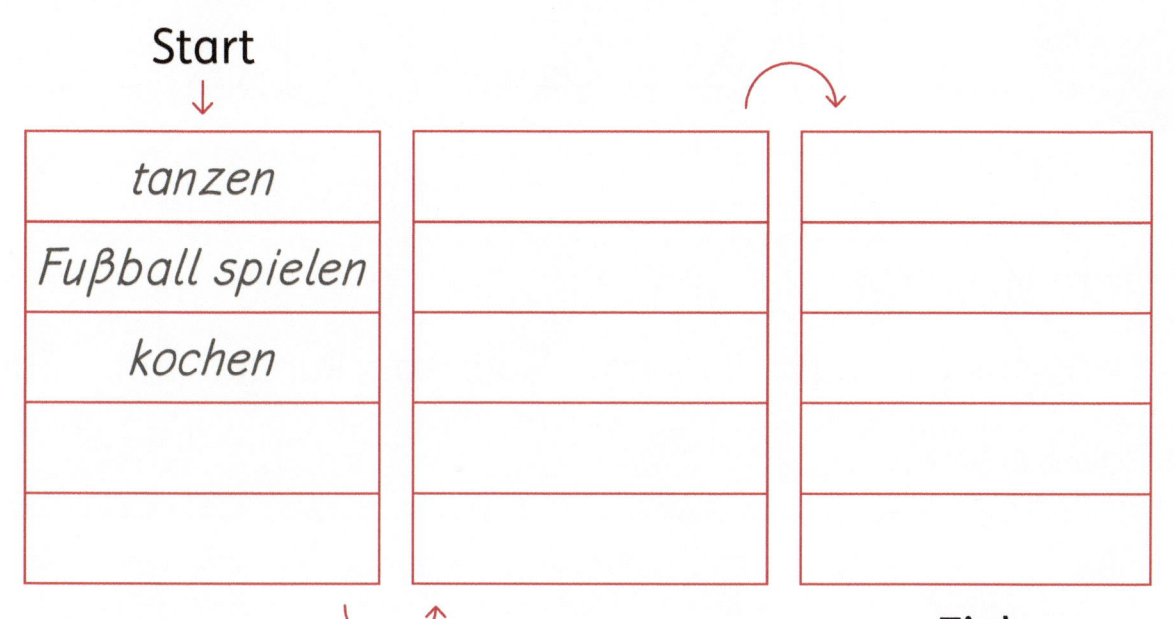

Start

tanzen		
Fußball spielen		
kochen		

Ziel

9

27 Würfeln Sie und gehen Sie auf das Feld. Bilden Sie Sätze oder Fragen.

Wir spielen oft Fußball.

Kochst du gern?

28 Übersetzen Sie in Ihre Muttersprache.

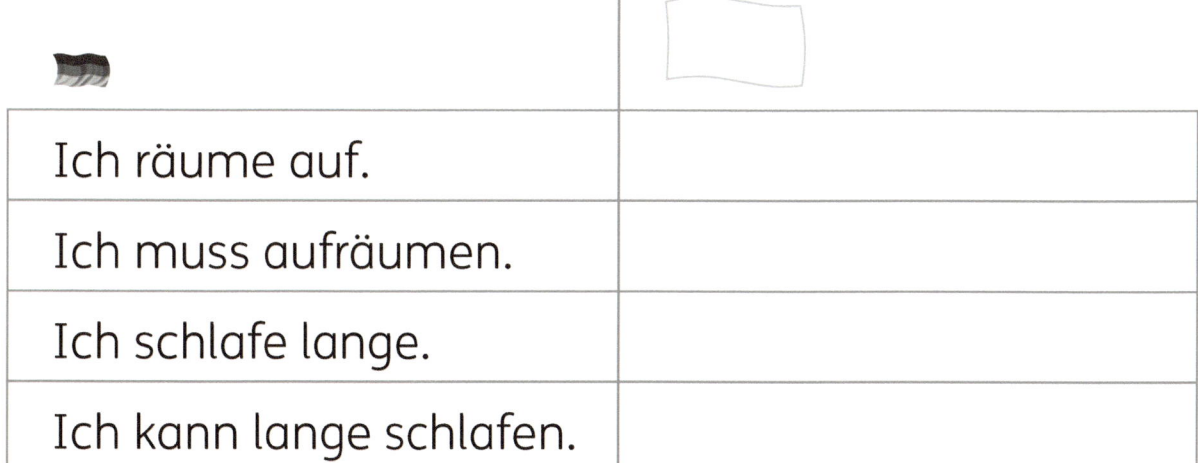

Ich räume auf.	
Ich muss aufräumen.	
Ich schlafe lange.	
Ich kann lange schlafen.	

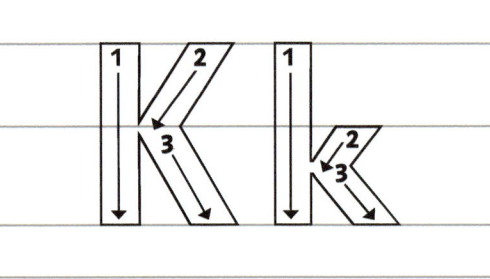

 1 K k   Markieren Sie.

Deutschkurs   Kuli   können   Marokko   Runak   Irak   Türkei

 2 Schreiben Sie.

 3 Schneiden Sie aus Zeitungen Wörter mit K und k aus. Kleben Sie die Wörter ins Buch.

 4 Basteln Sie Kartonbuchstaben und Buchstabenkärtchen.

 5 Ertasten Sie Ihre Kartonbuchstaben K k. Was ist bei k anders?

6 Welche Wörter fehlen hier? Schreiben Sie. Vergleichen Sie mit dem Dialog in Aufgabe 2 im Kursbuch.

Können   Kannst   helfen   wiederholen

1. _____ Sie das _____ ?

2. _____ du mir _____ ?

7 Welche Situation passt? Hören Sie, lesen Sie mit und verbinden Sie. Ergänzen Sie eine Frage.

1. Können Sie das bitte wiederholen?

2. Kannst du das bitte noch einmal sagen?

3. Kannst du mir bitte helfen?

4. Können Sie mir helfen?

5. Kannst du das bitte übersetzen?

6. Können Sie das bitte schreiben?

7. _____

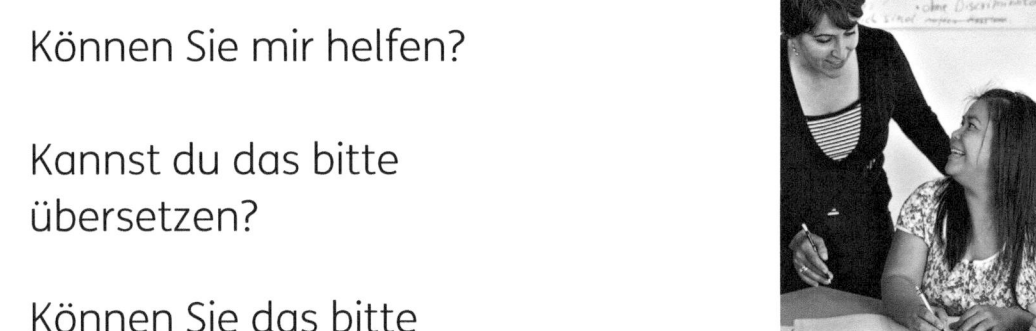

10

K k

8 Was passt zusammen? Schreiben Sie.

kann kannst können k~~önnt~~

ich	
du	
er, sie, es	
wir	
ihr	*könnt*
sie, Sie	

9 Welche Formen sind gleich? Markieren Sie.

10 Welche Aktivitäten machen Sie im Kurs gern ☺ ? Welche nicht gern ☹ ?
Malen Sie Smileys. Sprechen Sie und schreiben Sie Sätze.

1	2	3	4	5	6	7
◯	◯	◯	◯	◯	◯	◯

11 Was ist richtig? Verbinden Sie und markieren Sie die Endungen.

Ich

1. schreiben.
2. schreibt.
3. schreibe.

Du 📷

1. fotografiere.
2. fotografierst.
3. fotografieren.

Nuran

1. übersetze.
2. übersetzen.
3. übersetzt.

Hassan ☒

1. ankreuzen.
2. kreuzen … an.
3. kreuzt … an.

12 Suchen Sie in Ihrem Kursraum / in Ihrer Sprachschule oder auf der Homepage Ihrer Sprachschule die Buchstaben K k . Schreiben Sie die Wörter ins Buch.

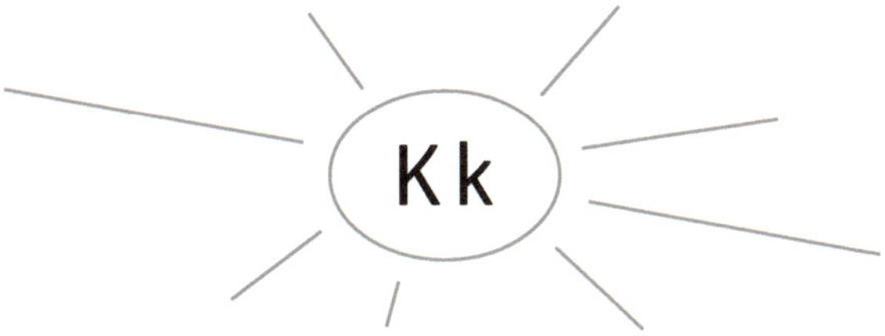

10

(K k)

13 Sammeln Sie im Kurs Verben. Schreiben Sie die Verben auf Kärtchen.

| hören | übersetzen | ankreuzen |
| ich höre | ich übersetze | ich kreuze an |

14 Welche Verben sind ähnlich? Sortieren Sie Ihre Kärtchen.

B b

15 B b Markieren Sie.

Bleistift   Aufgabe   verbinden   schreiben   bitte   Buch

16 Schreiben Sie.

17 Basteln Sie Kartonbuchstaben und Buchstabenkärtchen. Vergleichen Sie b und d .

18 Nehmen Sie Ihre Kartonbuchstaben B und ß und ertasten Sie sie:
Welcher Buchstabe ist offen?

19 Wie viele b gibt es hier? Markieren Sie und zählen Sie.

bdddpbdbgdgbdgppbbdgpbpgpbdbbppgpgdbdbdggpbdb

Es gibt ☐ b.

20 Wer sagt was? Ergänzen Sie.

 sagt: | sagt zu

Hören Sie bitte zu.

Schreiben Sie bitte.

Machen Sie bitte
das Fenster zu!

Kommen Sie bitte!

Lesen Sie den Text.

Hört   bitte zu.

_____ bitte.

_____ bitte das Fenster zu.

_____ bitte pünktlich!

_____ den Text.

  21 Wie ist der Imperativ in der *du*-Form? Hören Sie und ergänzen Sie die Tabelle.

 sagt zu

10

schreiben	du schreibst	Schreib!
machen	du machst	_____ !
sprechen	du sprichst	_____
geben	du gibst	_____
_____	du _____	_____

22 Ergänzen Sie die Wörter. Vergleichen Sie mit Aufgabe 21 im Kursbuch.

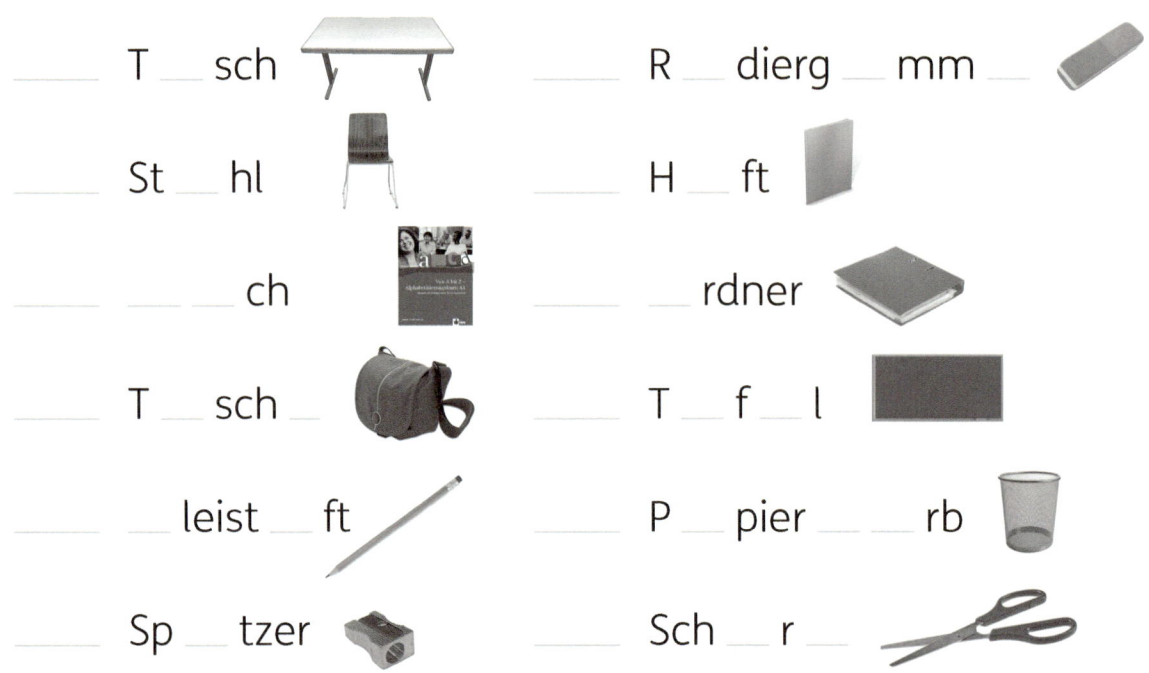

_____ T __ sch

_____ St __ hl

_____ ____ ch

_____ T __ sch

_____ ____ leist __ ft

_____ Sp __ tzer

_____ R __ dierg __ mm __

_____ H __ ft

_____ ____ rdner

_____ T __ f __ l

_____ P __ pier __ ____ rb

_____ Sch __ r __

23 Ergänzen Sie jetzt die Artikel. Schreiben Sie mit verschiedenen Farben.

24 Sehen Sie die Wörter und die Sprechblasen an. Finden Sie eine Regel?

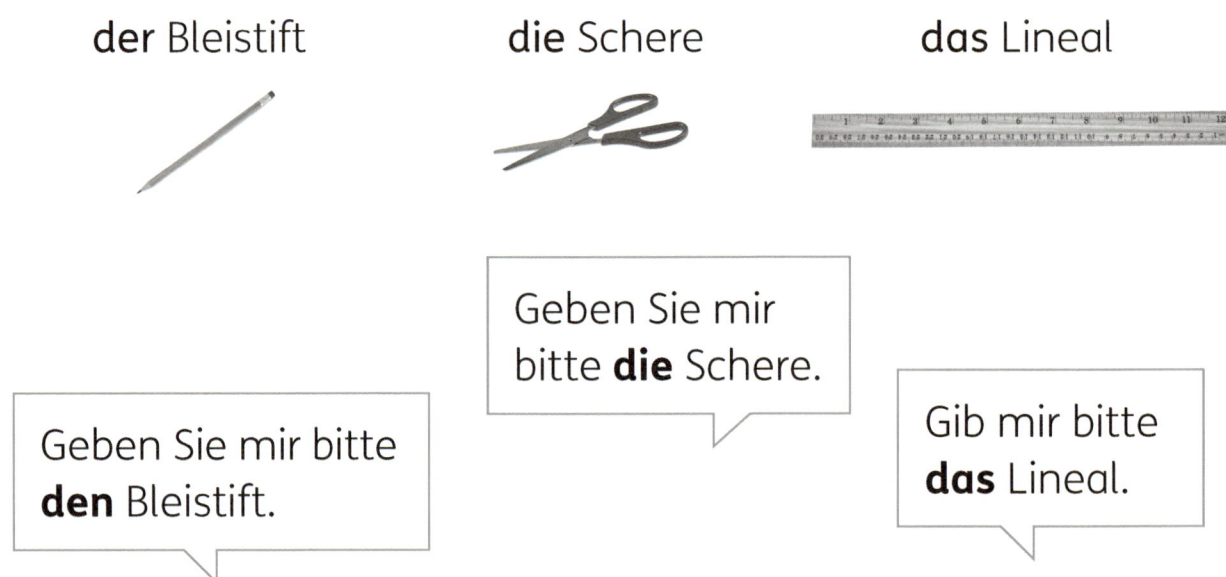

der Bleistift

die Schere

das Lineal

Geben Sie mir bitte **die** Schere.

Geben Sie mir bitte **den** Bleistift.

Gib mir bitte **das** Lineal.

25 Sehen Sie sich in Ihrem Kursraum um. Bitten Sie eine oder mehrere Personen um verschiedene Dinge.

26 Ein Merkspiel: Ordnen Sie die Sätze zu. Erklären Sie dann die Spielregeln und spielen Sie. Wer sagt die meisten Wörter?

1. Sammeln Sie Dinge im Kursraum.
2. Legen Sie alles auf einen Tisch.
3. Sehen Sie die Dinge eine Minute an.
4. Decken Sie alles zu.
5. Sagen Sie die Wörter.

27 Schreiben Sie drei Bitten auf. Übersetzen Sie in Ihre Muttersprache.

Können Sie ...?   Kannst du ...?   Gib mir bitte ...!

10

28 Schreiben Sie Ihre Sätze auf Kärtchen. Schreiben Sie die Wörter und Satzzeichen jeweils auf ein Kärtchen. Mischen Sie alles und legen Sie die Sätze.

Können   Sie

V v

Im Jobcenter

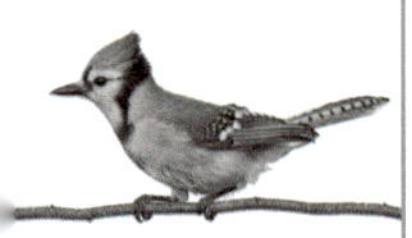

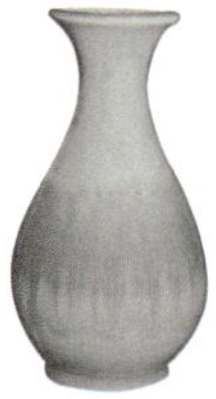

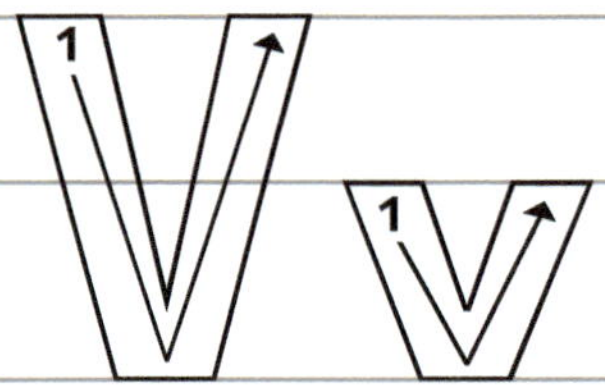

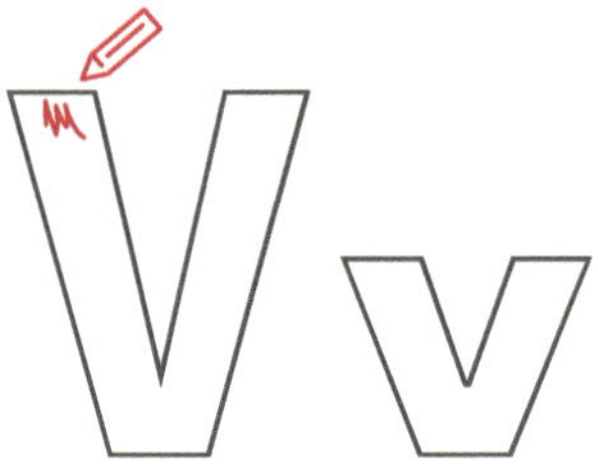

1 V v Markieren Sie.

Vorname Olive Vater Vogel Avocado Vase

2 Schreiben Sie.

V

v

3 Basteln Sie Buchstabenkärtchen und Kartonbuchstaben.

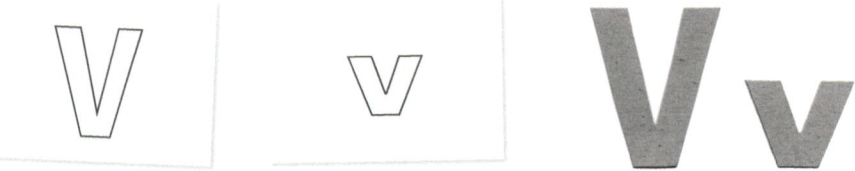

4 Ertasten Sie Ihre Kartonbuchstaben. Welche Buchstaben haben noch Spitzen?

5 Wie viele V finden Sie? Markieren Sie.

WVMVWNVWAMWVNVAMMWVNMWVANVVWMV

Es gibt ☐ V.

6 Hören Sie und ordnen Sie zu. Markieren Sie danach V v in zwei Farben.

1. Vorname

2. Olive

3. Vater

4. verheiratet

V wie Vogel

5. Avocado

6. vier

7. viel

V wie Vase

8. Vitamine

7 Welche Reaktionen passen? Ordnen Sie zu.

1. Guten Tag.   Tschüss.
2. Guten Abend.   Danke.
3. Auf Wiedersehen.   Guten Abend.
4. Hier, bitte.   Hallo.
5. Vielen Dank.   Gern geschehen.

11

8 Welche Sätze von oben passen? Schreiben Sie.

V v

9 Welches Wort fehlt? Hören Sie, lesen Sie und schreiben Sie.

Brief   Aufzug   Termin   Zimmer

1. Ich habe diesen _____ bekommen.

2. Ich habe einen _____ um 14 Uhr.

3. Das _____ ist im 4. Stock.

4. Nehmen Sie den _____ .

10 Wiederholen Sie die Sätze.

11 Hören Sie und verbinden Sie die Wörter richtig.

1.

    Ich   Brief   bekommen.

                   diesen

habe

2.

          Termin   14

    habe

             um

Ich   einen   Uhr.

3.

      nicht   verstanden.

            ich

habe

      Das

4.   ist

          Zimmer

                                                              4. Stock.

    Das   im

---

5.   den

                                              Aufzug.

    Nehmen

                                    Sie

12 Suchen Sie auf einem Amt, in der Schule oder im Kindergarten Ihrer Kinder ein
Schild an einer Zimmertür. Schreiben Sie die Informationen ab und ins Buch.

11

13 Schreiben Sie Dialoge aus Aufgabe 7 auf Kärtchen. Schreiben Sie auf ein weißes
und ein farbiges Kärtchen.

Vielen Dank.

Gern geschehen.

14 Alle Karten werden gemischt und neu verteilt. Jeder bekommt eine Karte. Lesen Sie
Ihre weiße Karte vor. Wer die passende farbige Karte hat, antwortet.

Ö ö

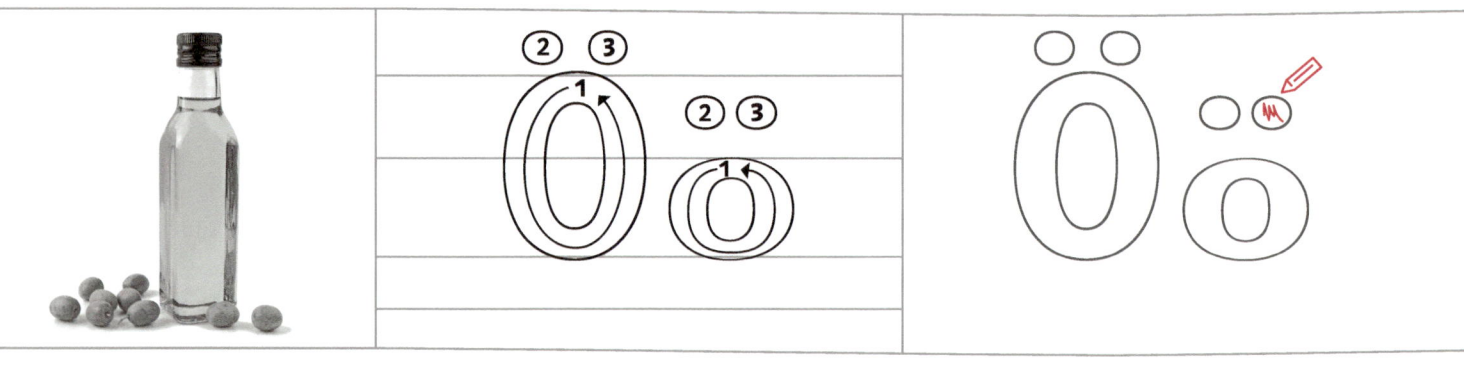

---

15 Ö ö   Markieren Sie.

Öl   Österreich   können   Vögel   Töchter   Söhne

hören   Herr Özer   Frau Gökdal   ich möchte

16 Schreiben Sie.

17 Basteln Sie Buchstabenkärtchen und Kartonbuchstaben. Schneiden Sie alles in einem Stück aus oder kleben Sie die Umlautkreise mit Tesafilm an.

18 Nehmen Sie Ihre Buchstabenkärtchen Ö ö und O o . Ihre Kursleiterin / Ihr Kursleiter liest Wörter vor. Was hören Sie? Halten Sie das richtige Kärtchen hoch.

Vogel

19 Hören Sie den Dialog aus Aufgabe 14 im Kursbuch noch einmal und lesen Sie den Text. Welche Wörter fehlen? Ihre Kursleiterin / Ihr Kursleiter schreibt sie an die Tafel. Schreiben Sie die Wörter an die richtige Stelle.

/36

Guten _____ , Herr Vogel.

_____ _____ ist Mehmet Özer.

Ich _____ diesen Brief bekommen.

_____ , Herr Özer, _____ brauche noch ein paar Informationen. Bitte füllen Sie dieses Formular aus.

Ich _____ nicht alles. _____ Sie mir helfen?

_____ , natürlich. Was _____ _____ im Moment, Herr Özer?

20 Was sagt Mehmet? Ergänzen Sie.

/38

habe   bin   gearbeitet   habe

Ich _____ Maurer von Beruf.

Ich _____ als Lagerarbeiter gearbeitet.

Ich _____ auch als Koch _____ .

21 Hören Sie, lesen Sie und kreuzen Sie das richtige Bild an.

1. Ich bin Maurer von Beruf.

2. Ich bin Elektriker.

3. Ich bin Köchin von Beruf.

4. Ich bin Lehrerin.

5. Ich bin Ärztin von Beruf.

6. Ich bin Hausfrau.

7. Ich bin Automechaniker.

22 Ergänzen Sie die Berufe in der Tabelle. Markieren Sie die Unterschiede. Finden Sie eine Regel?

	Maurerin
	Elektrikerin
Koch	
Lehrer	
	Ärztin
Hausmann	
Automechaniker	

23 Basteln Sie ein Dominospiel für Berufe. Ihre Kursleiterin / Ihr Kursleiter hilft Ihnen. Spielen Sie im Kurs.

24 Wie heißen die Berufe in Ihrer Sprache? Schreiben Sie.

der Koch, die Köchin	

25 Gibt es den Laut **Ö** in Ihrer Sprache? Schreiben Sie ein Wort, übersetzen Sie.

11

Bei der Arbeit

1 L l Markieren Sie.

Deutschland Warenlager Brille Lampe klein blau

2 Schreiben Sie.

3 Schneiden Sie L und l aus Karton aus, nehmen Sie das T t, F f, H h dazu. Schließen Sie die Augen: Finden Sie L l ?

4 Wie oft hören Sie L l ? Zählen Sie mit und kreuzen Sie an.

☐ 4 L l   ☐ 5 L l   ☐ 6 L l

5 Welche Wörter mit L l kennen Sie noch? Sehen Sie Ihre Kärtchen an oder suchen Sie im Kursbuch nach Wörtern. Schreiben Sie.

_____

_____

_____

6 Lesen Sie die Sätze und ordnen Sie zu. Verbinden Sie.

Hier darf man nicht telefonieren.

Hier darf man telefonieren.

Hier darf man parken.

Hier darf man nicht parken.

7 Erlaubt oder verboten? Schreiben Sie.

Hier darf man _____ .

Hier darf man _____ .

Hier darf man _____ .

Hier darf man _____ .

12

8 Hören Sie die Sätze und ordnen Sie die Bilder zu. Achten Sie auf die Personen.

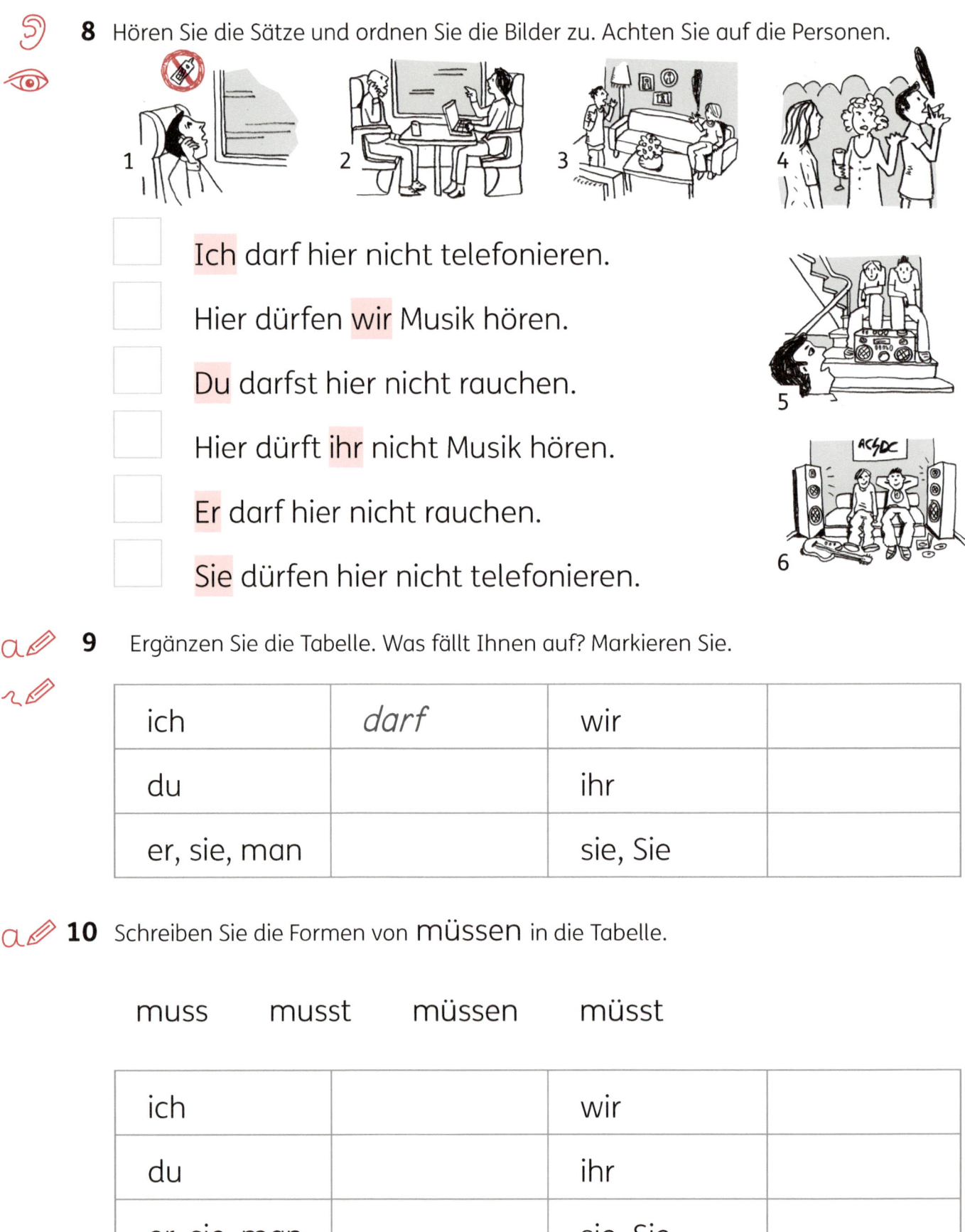

[ ] **Ich** darf hier nicht telefonieren.

[ ] Hier dürfen **wir** Musik hören.

[ ] **Du** darfst hier nicht rauchen.

[ ] Hier dürft **ihr** nicht Musik hören.

[ ] **Er** darf hier nicht rauchen.

[ ] **Sie** dürfen hier nicht telefonieren.

9 Ergänzen Sie die Tabelle. Was fällt Ihnen auf? Markieren Sie.

ich	*darf*	wir	
du		ihr	
er, sie, man		sie, Sie	

10 Schreiben Sie die Formen von müssen in die Tabelle.

muss   musst   müssen   müsst

ich		wir	
du		ihr	
er, sie, man		sie, Sie	

11 Alex ist 11 Jahre alt. Was muss er tun? Was darf er? Was darf er nicht?
Ergänzen Sie die Sätze.

Alex _____ in die Schule gehen.

Er _____ Hausaufgaben machen.

Er _____ bis 20.00 Uhr fernsehen.

Er _____ Mofa fahren.

12 Fotografieren Sie auf der Straße ein Schild. Was bedeutet es? Kleben Sie
das Bild ins Buch und schreiben Sie.

13 Schreiben Sie Sätze mit müssen, dürfen, nicht dürfen. Übersetzen Sie
die Sätze in Ihre Muttersprache.

12

X x

 14 X x Markieren Sie.

Taxi   Xylofon   Mexiko   Text   Alex   fix und fertig

15 Schreiben Sie.

16 Basteln Sie Kartonbuchstaben. Ertasten Sie das X . Wo ist oben?

17 Schreiben Sie die großen und kleinen Buchstaben. Welcher Buchstabe fehlt?

A a	D __	U __	__ s	__ r	L __	M __	__ n
I __	__ t	W __	E __	__ o	B __	__ f	__ y
P __	__ k	H __	__ g	Ö __	ß	V __	+ __ __

18 Hören Sie und lesen Sie mit. Ergänzen Sie den Text.

war   warst   war

Ich arbeite hier noch nicht lange. Früher bin ich Taxi gefahren.

Du _____ Taxifahrer?

Ja, ich habe zwölf Jahre als Taxifahrer gearbeitet.

Und wie _____ das?

Na ja, ich bin immer nachts gefahren. Ich _____ oft fix und fertig.

19 Was bedeutet war? Sprechen Sie im Kurs.

20 Üben Sie: Zeigen Sie auf ein Kalenderblatt und sprechen Sie. Variieren Sie.

| 5 Mo | 8 Do | 11 So | 9 Fr | 6 Di |

Heute ist …

Gestern war …

Morgen ist …

12

21 Ergänzen Sie.

früher / gestern	jetzt / heute
Früher war ich _____ .	Jetzt bin ich _____ .
Gestern war ich _____ .	Heute bin ich _____ .

22 Wo ist Buxtehude? Suchen Sie die Stadt auf der Deutschlandkarte im Kursbuch. Welche Stadt ist in der Nähe? Schreiben Sie.

23 Welche deutschen Städte kennen Sie? Wo waren Sie? Schreiben Sie.

Ich war in _____ .

24 Fragen Sie jetzt im Kurs und notieren Sie die Antworten. Berichten Sie.

Name	Stadt / Städte

25 Wer hat wo gearbeitet? Hören Sie noch einmal den Text aus Aufgabe 24 im Kursbuch. Verbinden Sie mit vier Farben und sagen Sie danach die Sätze.

2/45

Werkstatt

Bäckerei

in einer

Warenlager

hat   in einem   gearbeitet.

Restaurant

zu

Krankenhaus

Hause

26 Nehmen Sie alle Buchstabenkärtchen und spielen Sie Memory: Welche Groß- und Kleinbuchstaben gehören zusammen?

  D     b

Nein!

27 Jedes Wort gibt es zweimal. Markieren Sie die Wörter am Rand und in der Mitte in vier Farben.

	darf	muss	war	
ich	darf	ich	war	er	wir
du	rauchen	wir	parken	muss	ihr
er	sie	ihr	telefonieren	du	sie
	rauchen	telefonieren	parken	

12

 28 Schreiben Sie die Wörter am Rand auf Kärtchen. Machen Sie einen Stapel und ziehen Sie abwechselnd eine Karte. Lesen Sie.

 29 Übersetzen Sie in Ihre Sprache.

Rauchen verboten. _____

 30 Wo ist in Deutschland das Rauchen verboten? Wo darf man in Ihrem Land nicht rauchen? Erzählen Sie.

 **1** Welche Aktivitäten sehen Sie? Schreiben Sie und ordnen Sie zu.

1. l _ _ _ _ en   2. sch _ _ _ _ _ en

3. _ _ _ _ zen   4. sch _ _ _ _ en

 2 Was passt zusammen? Verbinden Sie und übersetzen Sie in Ihre Muttersprache.

schlafen   du schwimmst

_____   _____

schwimmen   ich schlafe

_____   _____

tanzen   ihr lauft

_____   _____

laufen   wir tanzen

_____   _____

 **3** Basteln Sie zuerst Kärtchen mit den Symbolen aus Lektion 10, Aufgabe 7.
Schreiben Sie dann die Verb-Endungen auf Kärtchen. Würfeln Sie und ziehen Sie
eine Symbol-Karte. Suchen Sie die richtige Endung.

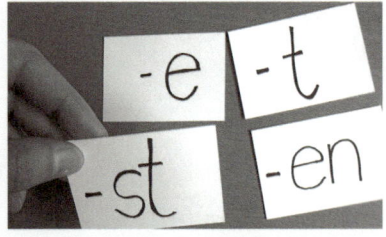

du hörst

4 Schreiben Sie **können, müssen, wollen.** Was fällt Ihnen auf? Markieren Sie.

k	ö		
k	ö	nn	
k	ö	_ _	en

m	ü		
m	ü	_ _	
m	ü	_ _ _ _	

w	o		
w	o	_ _	
w	o	_ _ _ _	

5 Schreiben Sie die Wörter aus Aufgabe 4 auf Kärtchen und lernen Sie sie auswendig.

müssen

wollen

können

6 Was sagen die Leute? Nehmen Sie Ihre Buchstabenkärtchen und legen Sie die Wörter richtig.

ol   Hal   euntG   agT   fuA   erdiesWehen

1

2

3

W 3

7 Ergänzen Sie.

Hal _ _   _ _ _ _ _ _ _ _ _ _ _

Auf _ _ _ _ _ _ _ _ _ _ _ _ _ _

Jj — Zu Besuch

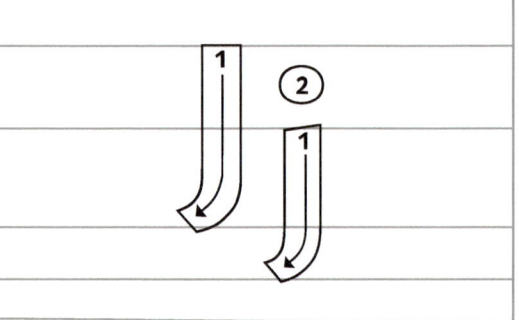

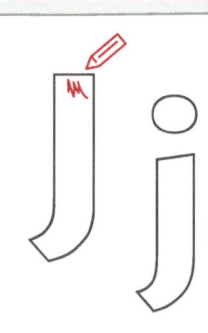

 1 **J j** Markieren Sie. Was fällt Ihnen auf?

Junge   ja   Jussuf   Jahr   jetzt   Jacke

 2 Schreiben Sie. Wo ist der Unterschied zwischen **J** und **j** ?

 3 Schneiden Sie aus Zeitungen Wörter mit **J** und **j** aus. Kleben Sie sie auf.

 4 Basteln Sie Kartonbuchstaben. Suchen Sie die Buchstaben in einer Tasche.

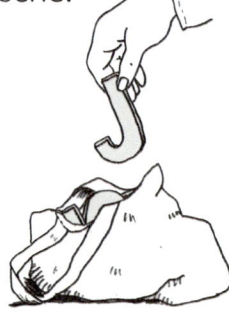

5 Schreiben Sie und malen Sie die Wörter. Ergänzen Sie die Artikel.

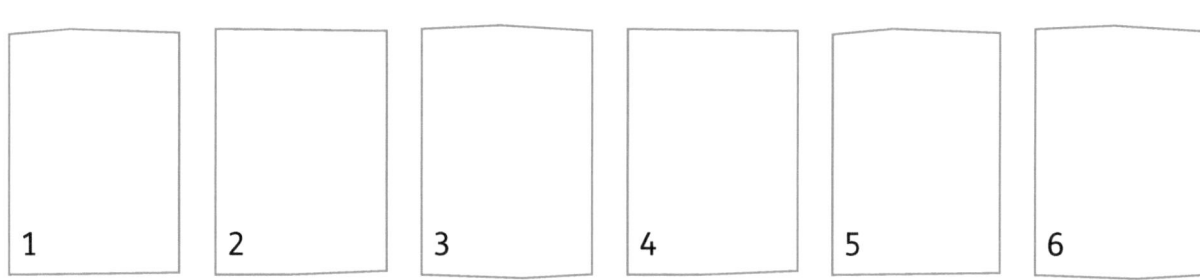

1	2	3	4	5	6

1. _____ Junge   2. _____ Mädchen

3. _____ Mann   4. _____ Frau

5. _____ Opa   6. _____ Oma

6 Wie sind die Fragen richtig? Schreiben Sie.

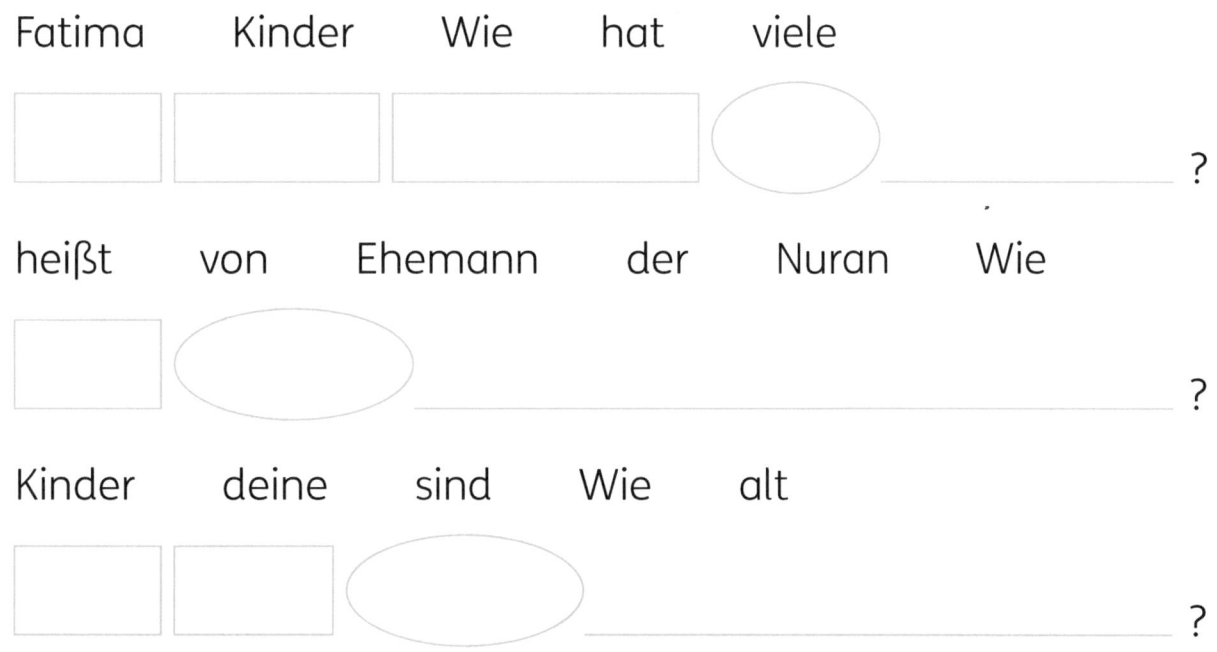

Fatima   Kinder   Wie   hat   viele

?

heißt   von   Ehemann   der   Nuran   Wie

?

Kinder   deine   sind   Wie   alt

?

7 Stellen Sie jetzt in Ihrem Kurs Fragen wie oben.

13

8 Wann sagt man was? Ordnen Sie zu. Verbinden Sie mit zwei Farben.

| Ihre Kinder | dein Kind | Ihre Tochter |

| deine Kinder | Ihr Sohn | deine Tochter |

 9 Wie alt ist Jasmina? Was sagt sie? Hören Sie und ergänzen Sie den Dialog.
Wie geht der Dialog weiter?

schon   erst

1. Ich bin _____ 9 Jahre alt.

    Nein, Jasmina, du bist _____ 9 Jahre alt.

2. Aber ich bin _____ 12 Jahre alt.

    Nein, Karim, du bist _____ 12 Jahre alt.
    Ich bin aber _____ 16 Jahre alt.

10 Was sagen die anderen Kinder von Fatima? Spielen Sie.

Armita, 18   *Said, 20*   *Nasrin, 24*

11 Suchen Sie im Telefonbuch Vornamen mit dem Buchstaben J oder j.
Schreiben Sie Frauennamen und Männernamen auf.

12 Wer hat im Kurs einen Vor- oder Familiennamen mit J oder j? Überlegen Sie,
fragen Sie und schreiben Sie.

13 Wie spricht man J j? Ergänzen Sie die Tabelle.

j wie ja	J wie Job

13

14 Nehmen Sie Ihre Artikulationskärtchen und legen Sie Wörter aus der Tabelle.
Ihre Lernpartnerin / Ihr Lernpartner sagt das Wort.

Ä ä

15 Ä ä Markieren Sie. Was fällt Ihnen auf?

Mädchen   in der Nähe   Schwägerin   älter   Bäcker

Äpfel   Hände   Männer   Länder

16 Schreiben Sie.

17 Basteln Sie Buchstabenkärtchen und Kartonbuchstaben.

18 Nehmen Sie Ihre Buchstabenkärtchen Ä , A , Ö und O . Ihre Kursleiterin / Ihr Kursleiter liest Wörter vor. Was hören Sie? Halten Sie das richtige Kärtchen hoch.

19 Ergänzen Sie die Buchstaben.

_gypten   M_dchen   _nkel   T_nte   h_ren

20 Was wissen Sie über die Verwandten von Nuran? Ordnen Sie die Namen und die Informationen zu.

Erkan   ... spricht sehr gut Deutsch.
Metin   ... hat als Bäcker gearbeitet.
Hatice   ... hat fünf Mädchen.

Das ist _____ .

_____ .

Das ist _____ .

_____ .

Das ist _____ .

_____ .

 **21** Ergänzen Sie.

Schwiegermutter   Schwiegervater   Schwager

Metin   ist   der   _____ von Nuran.

Hatice ist   die   _____ von Nuran.

Erkan   ist   der   _____ von Nuran.

22 Sehen Sie die Bilder im Kursbuch an. Fragen Sie und antworten Sie.

Wer ist Jussuf?   Jussuf ist der Vater von Ayse.

13

Ä ä

23 Wer ist das? Verbinden Sie.

Das ist ...

sein Bruder.

ihre Schwiegermutter.

ihr Schwager.

seine Mutter.

ihre Cousine.

seine Nichte.

24 Mann oder Frau? Markieren Sie die Familienwörter blau und rot.

Onkel   Tante   Schwägerin   Schwager

25 Welche Verwandten hat Nuran? Schreiben Sie Sätze: Wann schreibt man **einen**,
wann schreibt man **eine**? Unterstreichen Sie rot oder blau.

einen   eine

Nuran   hat   _____   _____

Sie   _____   _____   _____

_____   _____   _____

26 Spielen Sie Bingo. Zeichnen Sie neun Felder auf ein Blatt und ergänzen Sie Familienwörter. Ihre Kursleiterin / Ihr Kursleiter erklärt Ihnen das Spiel.

~~Schwager~~	~~Sohn~~	~~Tochter~~
Vater	Cousine	Onkel
Tante	Mutter	Schwester

Bingo!

27 Wie heißen die Familienwörter in Ihrer Sprache?

die Tante	
der Onkel	
die Cousine	
der Cousin	
die Schwägerin	
der Schwager	
die Nichte	
der Neffe	

13

28 Schreiben Sie Familienwörter auf Kärtchen. Schreiben Sie rot oder blau. Lesen Sie die Wörter dann mit dem Artikel vor.

Tante

 die Tante

Die neue Wohnung

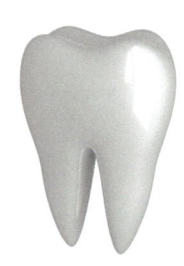
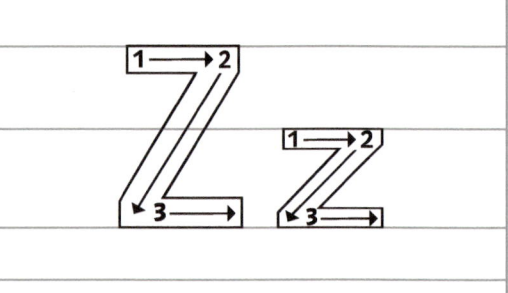

 1 Z z Markieren Sie.

zwei   zu   Zimmer   jetzt   zwanzig   Zahl   tanzen   Zentrum

 2 Schreiben Sie.

 3 Basteln Sie Kartonbuchstaben und Buchstabenkärtchen.

4 Ertasten Sie die Kartonbuchstaben Z z und S s . Was ist anders?

5 Schreiben Sie und ergänzen Sie.

Meine Wohnung hat
_____ Zimmer.

6 Was ist was? Schreiben Sie die Wörter richtig und ordnen Sie die Bilder zu.

1. merzimWohn   das   _____

2. konBal   der   _____

3. lurF   der   _____

4. merderzimKin   das   _____

5. üchKe   die   _____

6. lafmerSchzim   das   _____

7. dBa   das   _____

8. teletToi   die   _____

 7 Markieren Sie oben die Artikel farbig.

8 Üben Sie zu zweit.

14

Wohnung?

die

Zz

9 Hören Sie noch einmal den Text über Pakpaos Wohnung. Ergänzen Sie danach die Sätze.

a ✎ schön   groß   hell   frisch   extra   groß

1. Die neue Wohnung ist sehr _____ .

2. Die Küche ist _____ und _____ .

3. Die Toilette ist _____ .

4. Der Flur ist _____ .

5. Alles ist _____ renoviert.

a ✎ **10** Beantworten Sie die Fragen. Schreiben Sie Sätze.

1. Hat die Wohnung vier Zimmer?

   Ja. _____

2. Ist die Wohnung hell?

   _____

3. Gibt es einen Balkon?

   _____

4. Gibt es eine Badewanne?

   _____

5. Ist der Flur klein?

   _____

✎ **11** Markieren Sie die Verben in den Fragen und in den Antworten. Wo stehen sie?

12 Wie sind die Wohnungen Ihrer Lernpartner? Fragen Sie und antworten Sie im Kurs.

13 Malen Sie das Haus, in dem Sie wohnen, und die Umgebung.
Was ist in der Nähe? Erzählen Sie.

14 Sehen Sie die Tabelle an. Wie sind die Wörter sortiert? Was fällt Ihnen auf?
Schreiben Sie die Wörter und eigene Beispiele in die Tabelle.

wohnen   schön   die Küche   klein   machen   das Bad

1. Nomen	2. Verb	3. Adjektiv
die Wohnung	haben	groß

15 Sagen Sie ein Wort aus der Tabelle. Ihre Lernpartnerin / Ihr Lernpartner nennt
die Gruppe / Wortart.

14

Qu qu

16 `Qu` `qu` Markieren Sie.

Quelle   Qualität   Quatsch   bequem   quadratisch

17 Schreiben Sie.

18 Basteln Sie die Buchstabenkärtchen und Kartonbuchstaben.

19 `Qu` oder `K` ? Wie beginnen die Wörter? Hören Sie und zeigen Sie die richtige Karte.

20 Ergänzen Sie die Buchstaben.

___alle   ___arte   ___iz   ___iste   ___adrat   ___eks

21 Wie gefallen Ihnen die Möbel? Kreuzen Sie an und sprechen Sie.

1 ☺ ☹   2 ☺ ☹   3 ☺ ☹   4 ☺ ☹   5 ☺ ☹

☺ ... gefällt mir gut!   ☹ ... gefällt mir nicht.

22 Sehen Sie noch einmal mit Ihrer Lernpartnerin / Ihrem Lernpartner die Bilder an.
Fragen Sie und antworten Sie.

Wie gefällt dir ...?   Er / Sie / Es gefällt mir ...

 23 Hören Sie den Dialog von Mariam und Pakpao zu den Bildern 1 – 3.
Wie antwortet Pakpao?

/61

1. Der Tisch gefällt mir gut!
Ich finde **ihn** auch schön.

2. Die Lampe gefällt mir gut.
Ich finde **sie** auch schön.

3. Das Bett gefällt mir nicht.
Ich finde **es** auch nicht schön.

 14

 24 Analysieren Sie die markierten Wörter. Wofür stehen sie?

 25 Sprechen Sie über Möbel und Gegenstände in Ihrem Kursraum.

Qu qu

 26 Welche Möbel sind das? Ordnen Sie die Wörter den Bildern zu.

1. der Tisch
2. der Schrank
3. das Bett
4. der Teppich

5. die Lampe
6. der Stuhl
7. das Sofa
8. der Sessel

9. das Bild
10. der Vorhang

27 Wie sind die Pluralformen der Wörter aus Aufgabe 26? Schreiben Sie.

- e	**∙∙ + e**	
Tische	*Schränke*	
- n	**- en**	
- er	**–**	**- s**

28 Machen Sie gemeinsam die Präpositionen-Gymnastik. Sprechen Sie dazu.

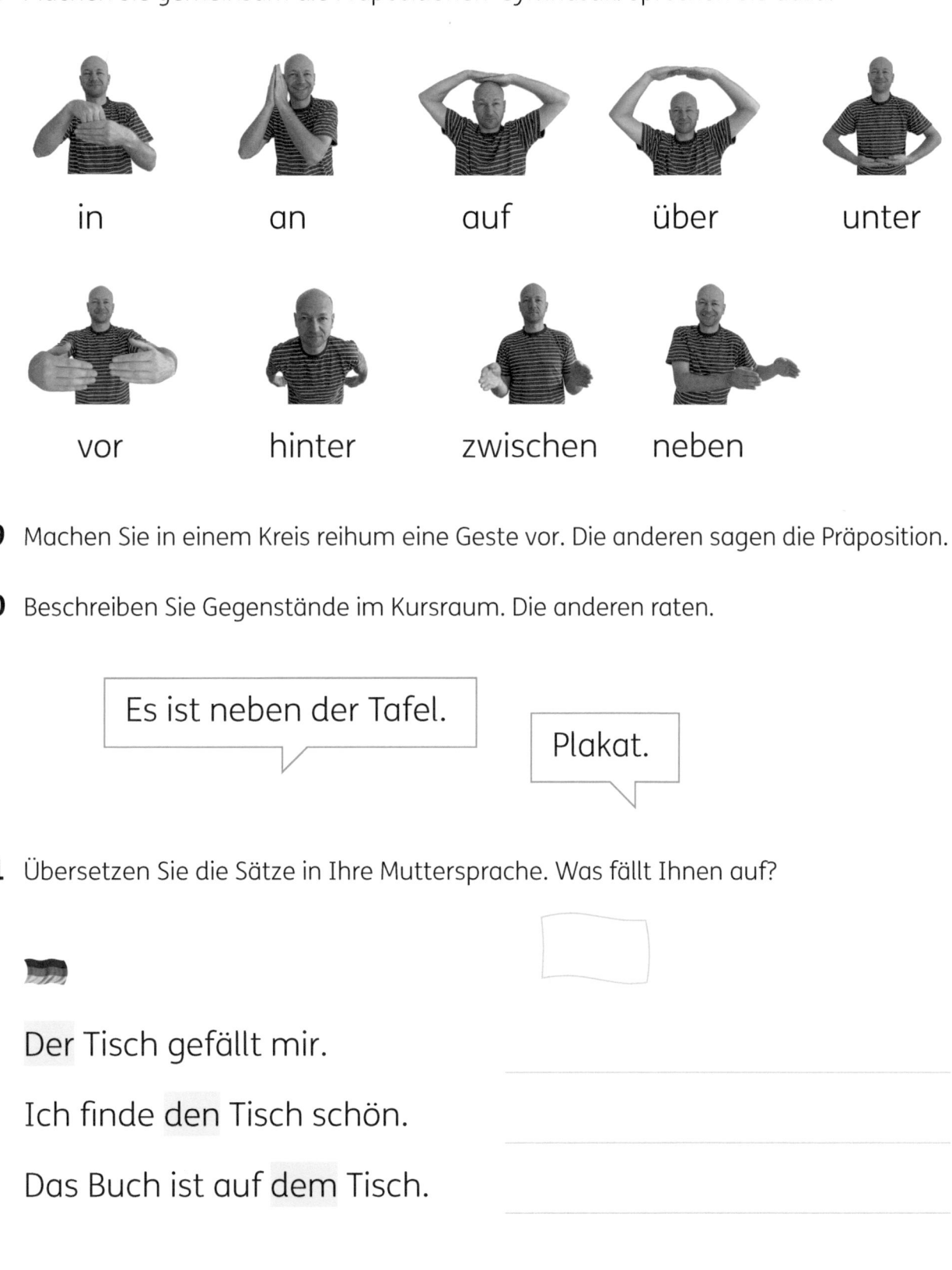

29 Machen Sie in einem Kreis reihum eine Geste vor. Die anderen sagen die Präposition.

30 Beschreiben Sie Gegenstände im Kursraum. Die anderen raten.

> Es ist neben der Tafel.

> Plakat.

31 Übersetzen Sie die Sätze in Ihre Muttersprache. Was fällt Ihnen auf?

Der Tisch gefällt mir.

Ich finde den Tisch schön.

Das Buch ist auf dem Tisch.

14

32 Schreiben Sie die Sätze von oben auf Kärtchen. Mischen Sie die Kärtchen und legen Sie die Sätze.

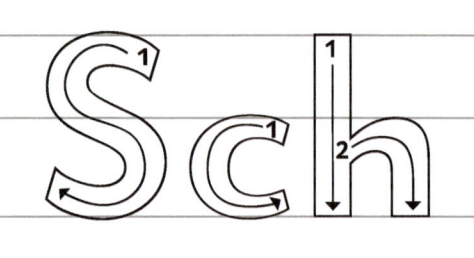

 1 Sch sch Markieren Sie.

Bescheinigung   schnell   Unterschrift   schreiben

 2 Schreiben Sie.

 3 Schneiden Sie aus verschiedenen Zeitungen Sch und sch aus.

  4 Basteln Sie Buchstabenkärtchen und Kartonbuchstaben. Kleben Sie die Kartonbuchstaben mit Tesafilm zusammen. Was ist anders?

  Sch sch

5 Vergleichen Sie mit Ihrer Muttersprache: Wie schreiben Sie sch ?

sch _____   _____

6 Welche Wörter können Sie hier schreiben? Wie sind die Artikel?

se   pass   Rei

_____

schei   be   de   gung   Mel   ni

_____

ter   schrift   Un

_____

7 Suchen Sie im Kursbuch lange Wörter. Notieren Sie die Silben. Tauschen Sie dann die Bücher. Ihre Lernpartnerin / Ihr Lernpartner schreibt das Wort.

1.

_____

2.

_____

15

Sch sch

8 Füllen Sie bitte den Antrag aus. Ihre Kursleiterin / Ihr Kursleiter hilft Ihnen.

Eröffnen Sie für mich ein Privat-Girokonto
☐ Postbank Giro plus ☐ Postbank Giro start *direkt*

Kundin/Kunde/Kontobezeichnung
☐ Frau ☐ Herr

Sämtliche Vornamen   akademischer Grad

Name

Straße   Hausnr.

Postleitzahl   Ort

Geburtsdatum   Geburtsort

ggf. Geburtsname   Staatsangehörigkeit

Telefon   Vorwahl   Rufnummer
tagsüber:

Meine Adresse hat sich innerhalb der letzten drei Jahre geändert.
☐ Nein ☐ Ja, meine vorherige Anschrift lautete:

Straße   Hausnr.

Postleitzahl   Ort

Postbank

---

9 Fragen Sie nach: Was können Sie sagen?

△ Ich brauche noch Ihre Adresse.

○ Wie bitte? Können Sie das bitte wiederholen?

△ Ihre Adresse bitte.

△ Ich brauche noch Ihre Telefonnummer.

○ Entschuldigung, das habe ich nicht verstanden.

△ Ihre Telefonnummer bitte.

10 Spielen Sie jetzt kleine Dialoge mit Ihrer Lernpartnerin / Ihrem Lernpartner. Fragen Sie nach diesen Wörtern.

Hausnummer   Postleitzahl   Meldebescheinigung
Unterschrift   Bankkarte

 11 Holen Sie von Ihrer Bank Überweisungen und andere Formulare. Wie viele Wörter finden Sie mit dem Wort **Konto**. Ergänzen Sie das Raster.

			K	o	n	t	o						
			K	o	n	t	o						
			k	o	n	t	o						
			k	o	n	t	o						

12 Wie können Sie sich neue Wörter merken? Sehen Sie die Bilder an und üben Sie. Wiederholen Sie die Schritte, bis das Wort komplett ist.

15

Ü ü

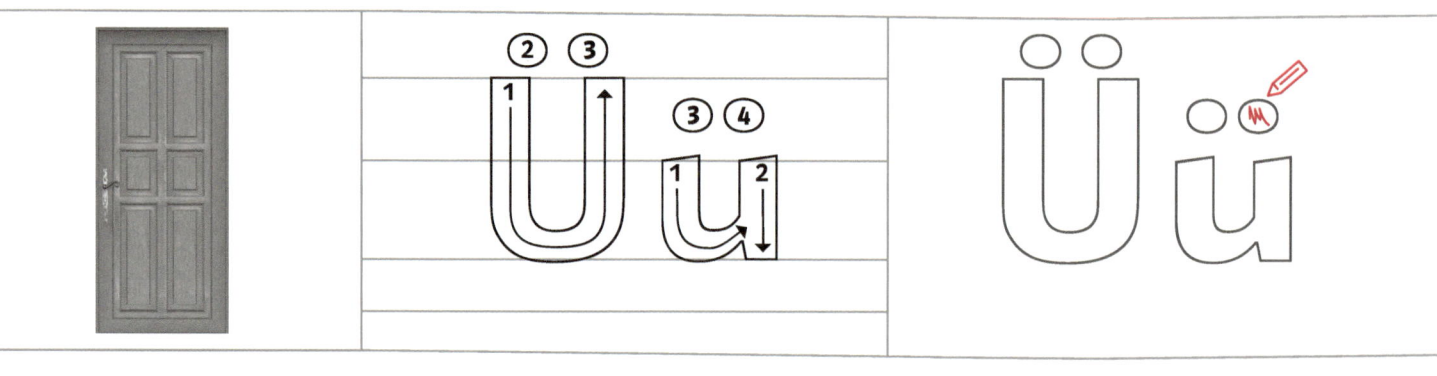

13 Ü ü   Markieren Sie.

Kontoauszüge   für   Überweisung   Tür   ausfüllen

über   müssen   dürfen   natürlich   Tschüss

14 Schreiben Sie.

15 Basteln Sie Buchstabenkärtchen und Kartonbuchstaben.

16 Sehen Sie Ihre Buchstabenkärtchen und Kartonbuchstaben an: Welche Buchstaben haben noch Punkte / Umlaute? Wie viele Punkte gibt es? Ergänzen Sie die Kärtchen und zählen Sie.

17 Legen Sie Ihre Buchstabenkarten Sch und ü vor sich auf den Tisch. Schreiben Sie die Wörter.

_____   _____   _____   _____

18 Was steht auf Ihrer Bankkarte? Schreiben Sie.

Kontonummer _____

BLZ (Bankleitzahl) _____

Kartennummer _____

19 Was ist richtig? Lesen Sie zuerst die Sätze. Hören Sie dann den Dialog und kreuzen Sie an.

/ 71

	richtig	falsch
1. Fatima spricht mit Ali.	☐	☐
2. Fatima hebt 50 Euro ab.	☐	☐
3. Fatima hat ihre PIN-Nummer vergessen.	☐	☐
4. Die PIN-Nummer ist 1612.	☐	☐
5. Am 16.10. hat Fatimas Bruder Geburtstag.	☐	☐

20 Was denken Sie: Wie ist Azizas PIN? Schreiben Sie. Wie merken Sie sich wichtige Nummern? Erzählen Sie.

15

21 Was macht Fatima? Ergänzen Sie die Sätze.

überweist   zahlt ... ein   druckt ... aus   hebt ... ab

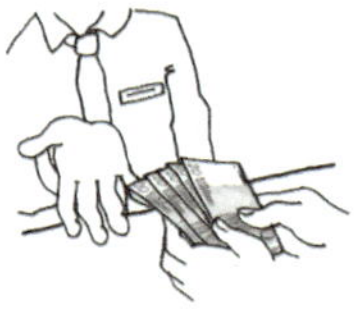

Fatima _____ Geld _____ .

Fatima _____ Geld _____ .

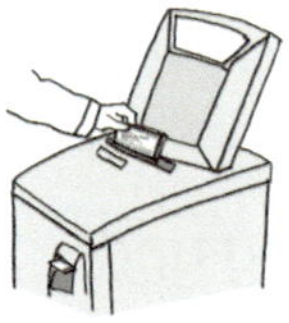

Fatima _____ Geld.

Fatima _____ Kontoauszüge _____ .

22 Was passt zusammen? Verbinden Sie.

überweisen

Geld   ausdrucken

Kontoauszüge   einzahlen

abheben

23 Spielen Sie Alphabet-Bingo. Ihre Kursleiterin / Ihr Kursleiter erklärt Ihnen das Spiel.

A̶	G̶	N̶	I̶
H̶	B	O	R
T̶	E	U	ß
S̶	M	D	P

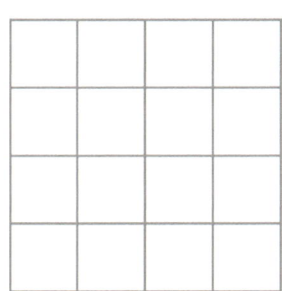

  24 Vergleichen Sie mit Ihrer Muttersprache.

a	_____	l	_____	w	_____
b	_____	m	_____	x	_____
c	_____	n	_____	y	_____
d	_____	o	_____	z	_____
e	_____	p	_____		
f	_____	q	_____	ä	_____
g	_____	r	_____	ö	_____
h	_____	s	_____	ü	_____
i	_____	t	_____		
j	_____	u	_____	ß	_____
k	_____	v	_____		

15

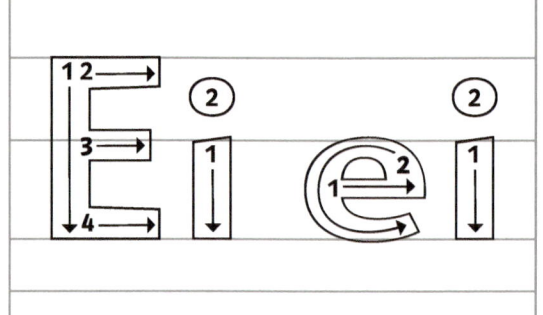
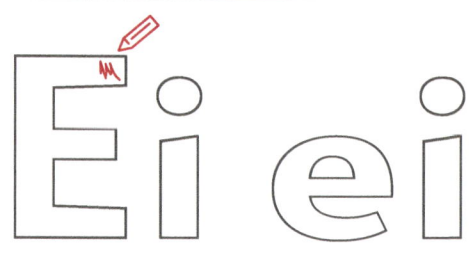

1 Ei ei Markieren Sie.

meine Heimat   heiß   Eis   Uhrzeit   arbeiten   schreiben

2 Schreiben Sie.

3 Schneiden Sie Ei und ei aus Zeitungen aus.

Ei

ei

4 Basteln Sie Buchstabenkärtchen und Kartonbuchstaben. Kleben Sie E , e und i
mit Tesafilm zusammen.

5 Welche Wörter mit Ei ei kennen Sie schon? Legen Sie Wörter mit Ihren Buchstaben. Arbeiten Sie in der Gruppe und schreiben Sie die Wörter in Ihr Heft.

6 Schreiben Sie die Fragen richtig.

1. ist | Hassan | Wo | geboren | ?

_____

2. Dorf | sein | ist | Wo | ?

_____

3. gibt | Was | es | ? | dort

_____

4. im | ist | Wie | ? | Sommer | es

_____

5. Winter | man | Was | sieht | im | ?

_____

7 Hören Sie und lesen Sie noch einmal den Dialog im Kursbuch. Unterstreichen Sie dort die Antworten zu den Fragen 1 – 6.

/74

8 Schreiben Sie die Wörter und ordnen Sie dann die Pluralformen zu.

edr gerB   _____   die Wälder

red trnaSd   _____   die Berge

rde alWd   _____   die Strände

dre eSe   _____   die Flüsse

erd lsFsu   _____   die Seen

9 Wie sind die Landschaften? Ergänzen Sie passende Adjektive.

heiß kalt trocken grün dunkel blau tief hoch

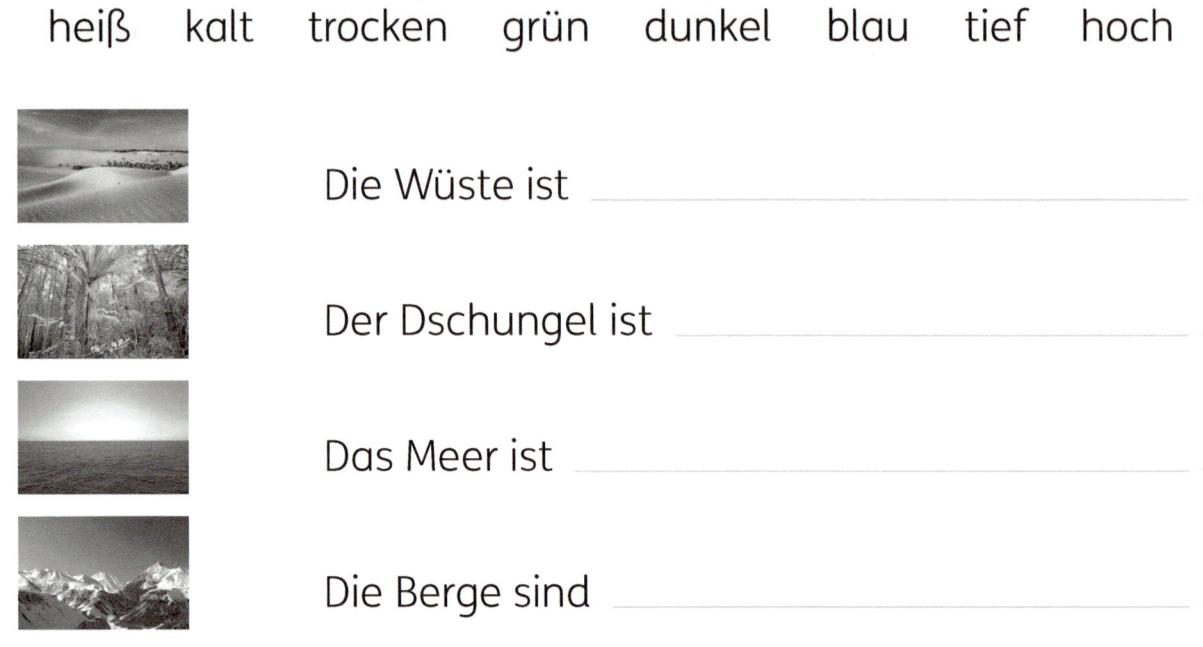

Die Wüste ist _____ .

Der Dschungel ist _____ .

Das Meer ist _____ .

Die Berge sind _____ .

10 Ordnen Sie zu.

| Die Sonne scheint. | Es regnet. | Es ist kalt. | Es schneit. | Es ist warm. Es ist heiß. |

11 Wie ist das Wetter in Ihrer Heimat? Erzählen Sie und schreiben Sie auf Kärtchen.

Im Frühling ist es _____

Im Sommer …   Im Herbst …   Im Winter…

12 Mischen Sie die Kärtchen und legen Sie die Sätze noch einmal.

13 Sehen Sie das Bild an. Was bedeuten die Buchstaben N, O, S, W ? Schreiben Sie.

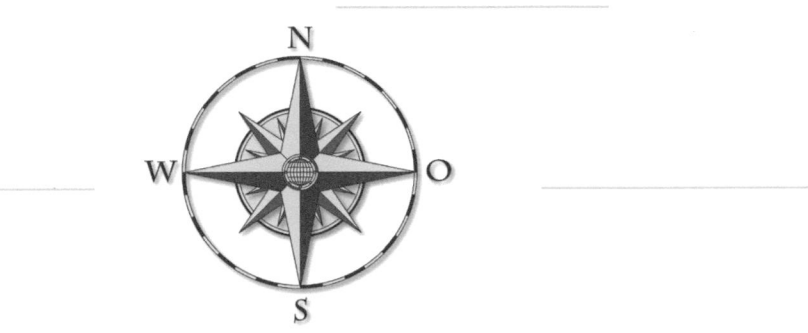

 14 Wo liegen die Städte? Suchen Sie auf der Deutschlandkarte im Kursbuch.

im Norden   im Süden   im Westen   im Osten

Hamburg liegt _____ .

Dresden liegt _____ .

München liegt _____ .

Düsseldorf liegt _____ .

 15 Ergänzen Sie neue Wörter.

1. Nomen	2. Verb	3. Adjektiv
die Heimat	*regnen / Es regnet.*	*kalt*

16

 16 Schreiben Sie zweisprachige Kärtchen mit neuen Wörtern, Sätzen, Wendungen.

ch

---

17 ch Markieren Sie.

ich   Buch   möchten   machen   noch   nicht   Mädchen

18 Schreiben Sie.

19 Basteln Sie ein Buchstabenkärtchen und Kartonbuchstaben. Kleben Sie c und h mit Tesafilm zusammen.

ch   **ch**

20 Markieren Sie ch gelb und sch orange. Zählen Sie die Buchstabengruppen.

chschchchchschschchschschchchchschchchschschchschchsch

Es gibt: ☐ ch   ☐ sch

21 Lesen Sie die Reihe vor. Welche Varianten gibt es bei ch ?

👁 **22** Runaks Text: Lesen Sie und trennen Sie die Wörter. Vergleichen Sie mit dem Text im Kursbuch.

Ich|bin|17|Jahre|alt|und|kommeausdemIrakIchbinKurdinSeit einemJahrlebeichinDeutschlandzusammenmitmeinenEltern undmeinenGeschwisternBielefeldistschönIchmagdieStadt EsgibtvieleParksundBäume.

👁 **23** Sehen Sie im Kursbuch den zweiten Teil von Runaks Text an. Ergänzen Sie die Wörter.

🖊

Im Irak habe ich sieben Jahre die _____ besucht,

aber in Deutschland kann ich _____ zur Schule gehen.

_____ nicht. Ich _____ jetzt einen

_____ : Ich lerne _____ lesen

und _____ . Ich bin hier _____ .

Ich _____ in Deutschland bleiben.

🖊 **24** Schreiben Sie über sich selbst. Ergänzen Sie die Sätze.

Seit _____ lebe ich in _____ .

Ich mag _____ (nicht).

Es gibt _____ .

Aber es gibt kein _____ .

Ich mache jetzt _____ .

Ich möchte _____ .

16

25 Was ist an Ihrem Wohnort für Sie wichtig? Malen Sie, schreiben Sie und erzählen Sie im Kurs.

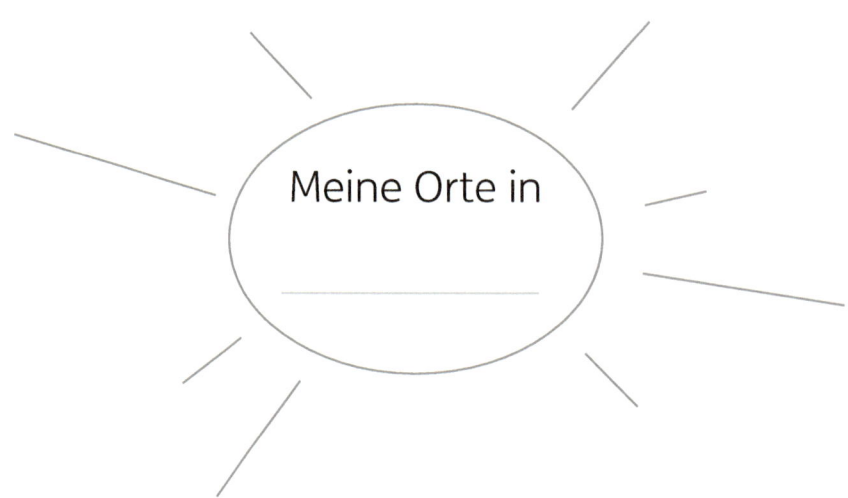

Meine Orte in

26 Schreiben Sie für ein Aussprachespiel Wörter mit ch und sch auf Kärtchen.

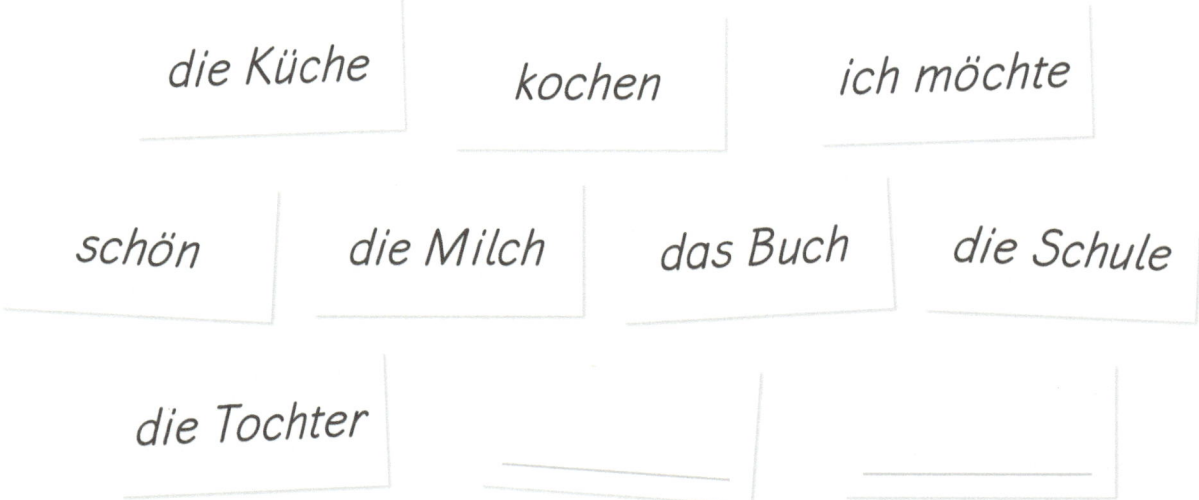

die Küche

kochen

ich möchte

schön

die Milch

das Buch

die Schule

die Tochter

27 Spielen Sie in der Gruppe: Nehmen Sie ein Kärtchen, lesen Sie das Wort vor und legen Sie das Kärtchen auf den richtigen Stapel.

1. ich

2. ach

3. sch

28 Das ABC der Ländernamen: Welche Ländernamen können Sie ergänzen?
Sehen Sie auf einer Weltkarte nach.

A	_____	O	_____
B	_____	P	_____
C	_____	Q	_____
D	_____	R	_____
E	_____	S	_____
F	_____	T	_____
G	_____	U	_____
H	_____	V	_____
I	_____	W	_____
J	_____	X	_____
K	_____	Y	_____
L	_____	Z	_____
M	_____	Ä	_____
N	_____	Ö	_____
		Ü	_____

29 Üben Sie in 4er-Gruppen: Sagen Sie im Kopf das Alphabet auf. Die Person links von
Ihnen sagt „Stopp" und Sie nennen den Buchstaben. Alle schreiben drei Wörter,
die mit dem Buchstaben beginnen.

16

ABCDEF...

Fatima, Fisch, F...

1 Was glauben Sie: Wie alt sind die Teilnehmer? Schreiben Sie.

17   32   44   53

__ c __   b ___   17 Jahre   a ____ .

__ _h _ n __ _ n ___ _ a ____ __ _t.

I ___ ___ _____   J ____ ___ ___ .

___ ___ ____ ___ ____ ___ .

2 Zwei Wörter sind richtig. Streichen Sie die falschen durch und schreiben Sie
die richtigen Wörter.

heJßen   naben   haben   habeu   heißen   heiBen   neiBen

1. _____   2. _____

3 Wie heißen die Wörter? Wie sind die Artikel? Schreiben Sie.

1. das Wohn __ __ __ er   2. __ K __ __ __ e

3. ____ ___ laf _ imm __   4. ___ ____ d

4 Wo ist der Kreis? Wählen Sie aus und schreiben Sie. Welche Wörter bleiben übrig?

vor   in   auf   zwischen   hinter   neben   über   unter   an

_____   _____   _____

_____   _____   _____

5 Raten Sie das Wort.

   +      = n t e r U r f t sch i

_____

6 Trennen Sie die Wörter. Legen Sie die Wörter mit Kärtchen.

Ichbinglücklich Ichbinglücklich

die Heimat die Heimat die Heimat

 7 Schreiben Sie auch in Wellen. Ihre Lernpartnerin / Ihr Lernpartner trennt die Wörter.

W 4

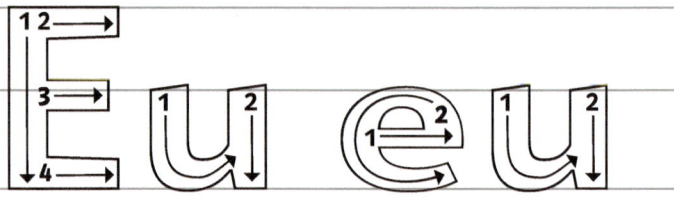

 1 Eu eu   Markieren Sie.

Eule   heute   Deutschland   Europa   Leute   neun

 2 Schreiben Sie.

Eu _____

eu _____

 3 Basteln Sie Kartonbuchstaben und Buchstabenkärtchen.

 4 Welche Buchstabengruppen haben Sie schon? Legen Sie alle in eine Tasche, ziehen Sie und benennen Sie die Buchstabengruppen.

 5 Nehmen Sie jetzt Ihre Buchstabenkärtchen. Ihre Kursleiterin / Ihr Kursleiter sagt Wörter mit ei oder eu . Zeigen Sie die richtige Karte.

6 Hören Sie die Wörter. Welche Buchstaben fehlen?

schr___ben   d___tsch   m___n   h___raten   zw___

k___ne   n___n   dr___n   n___h___te

7 Diktieren Sie Ihrer Lernpartnerin / Ihrem Lernpartner fünf Jahreszahlen.
Er / Sie notiert die Zahlen im Heft. Wechseln Sie dann die Rollen.

1300   1850   1970   1968   1901   1990

2000   2012   2020   1650   1985

8 Hören Sie, lesen Sie mit und markieren Sie die Vergangenheitsformen.

1. Mustafa ist 1972 nach Deutschland gekommen.
2. Er hat in Marokko gelebt.
3. Er ist nicht zur Schule gegangen.
4. Er hat schon mit neun Jahren gearbeitet.
5. 1995 hat er geheiratet.
6. 1997 hat er sein erstes Kind bekommen.

9 Sortieren Sie die Formen am Satzende nach den Endungen.

– t	– en
	gekommen

17

Eu eu

10 Sortieren Sie die Formen aus Aufgabe 9 noch einmal.

haben	sein
hat ... gelebt	...
...	...
...	
...	

11 Ergänzen Sie.

Mustafa _____ 1972 nach Deutschland _____ .

Er _____ früher in _____ _____ .

1995 _____ er _____ .

1997 _____ er sein erstes Kind _____ .

12 Und Sie? Ergänzen Sie. Ihre Kursleiterin / Ihr Kursleiter hilft Ihnen.

Ich _____ _____ nach Deutschland _____ .

Ich _____ früher _____ .

19___ _____ ich _____ .

_____ .

13 Lernen Sie Ihren Text auswendig: Schreiben Sie die Sätze auf Papierstreifen oder Kärtchen. Markieren Sie auffällige Wörter. Mischen Sie die Papierstreifen / Kärtchen und ordnen Sie die Sätze wieder.

14 Welche Orte, Städte, Länder sind für Sie wichtig? Wann waren Sie dort?
Schreiben Sie die Namen und die Jahreszahlen auf.

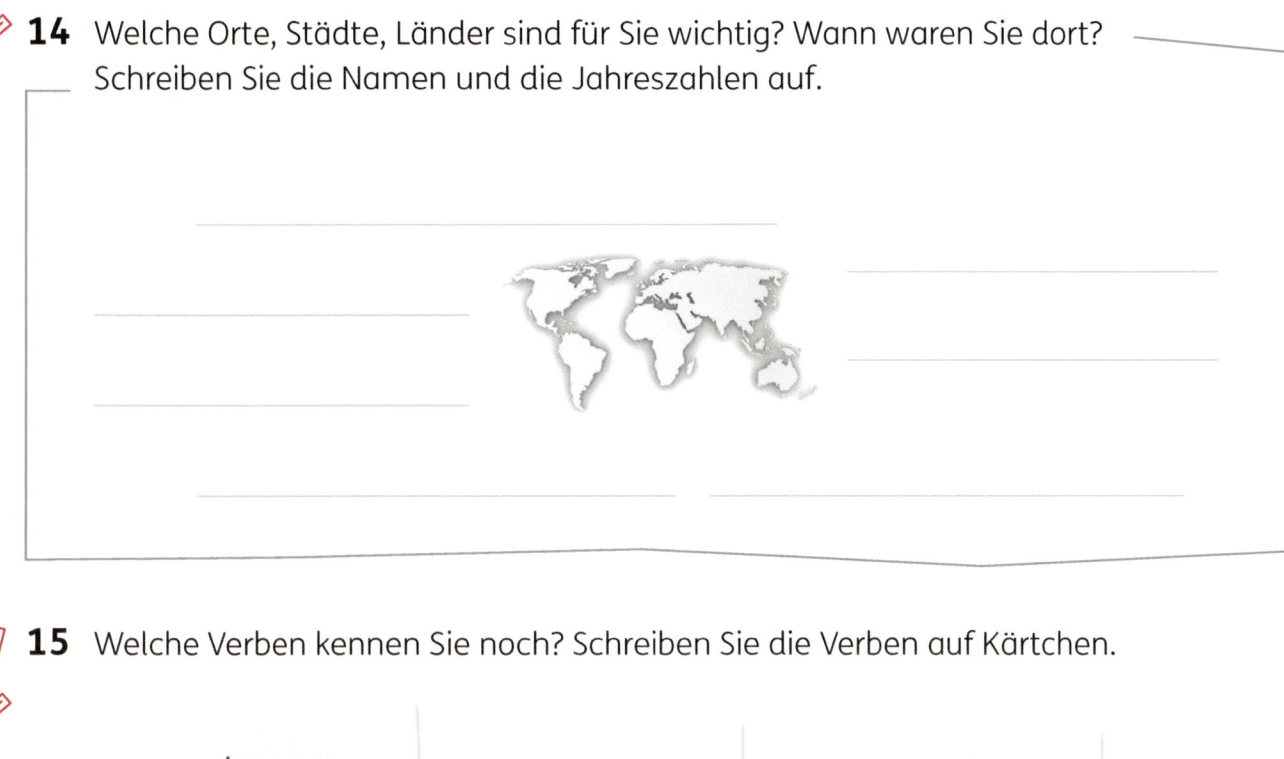

15 Welche Verben kennen Sie noch? Schreiben Sie die Verben auf Kärtchen.

lernen

spielen

sprechen

16 Schreiben Sie jetzt die Vergangenheitsform auf die Rückseite. Ihre Kursleiterin /
Ihr Kursleiter hilft Ihnen.

gelernt

gespielt

17 Wie macht man Sätze in der Vergangenheit? Mit **haben** oder **sein**?
Sortieren Sie Ihre Kärtchen.

17

_er   _er

18 **er** Markieren Sie.

Mutter   früher   der   Bäcker   Vater   aber   Schüler

a 19 Schreiben Sie.

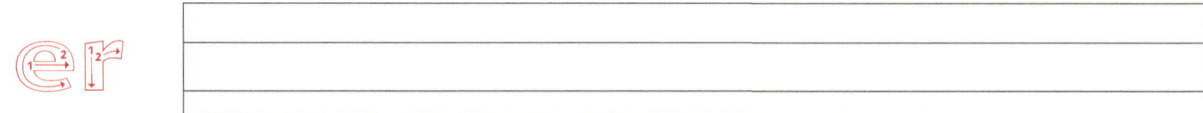

20 Basteln Sie ein Buchstabenkärtchen.

21 Schreiben Sie **e** , **en** und **er** auf Kärtchen. Ihre Kursleiterin / Ihr Kursleiter sagt Wörter. Welchen Laut hören Sie am Wortende? Zeigen Sie das richtige Kärtchen.

22 Hören Sie und ergänzen Sie **e** , **en** oder **er** .

a

Fahr___   geh___   Schul___   Bild___   Tant___

fahr___   Freund___   Mutt___   lieg___   Schül___

Lamp___   Famili___   früh___   Mechanik___

23 Ergänzen Sie die Berufe und wiederholen Sie die Wörter. Was fällt Ihnen auf?

Verb	Beruf	
backen	*Bäcker*	*Bäckerin*
fahren		
lehren		

24 Hören Sie den Text, lesen Sie mit und ergänzen Sie die Wörter.

gekommen   Schule   1990   gelebt   ~~1972~~   gearbeitet

Mustafa ist _____1972_____ geboren. Er hat früher in Marokko

_____ . Er ist nicht zur _____ gegangen.

Mit neun Jahren hat er schon _____ . _____ ist

seine Familie nach Spanien gegangen. Zwei Jahre später ist er

nach Deutschland _____ .

25 Lesen Sie und kreuzen Sie an.

	richtig	falsch
1. Mustafa ist 1974 geboren.	☐	☐
2. Er ist zwei Jahre zur Schule gegangen.	☐	☐
3. Er ist allein nach Spanien gegangen.	☐	☐
4. Er ist 1992 nach Deutschland gekommen.	☐	☐

17

26 Was wissen Sie über Ihre Lernpartner? Schreiben Sie drei Sätze über eine Person im Kurs. Lesen Sie die Sätze vor. Die anderen raten.

1. _____

2. _____

3. _____

 27 Schreiben Sie Verben in die Felder. Stellen Sie Ihre Spielfiguren auf Start und würfeln Sie. Gehen Sie mit Ihrer Figur auf das Feld und bilden Sie einen Satz in der Vergangenheit. Gehen Sie bis zum grauen Feld und zurück.

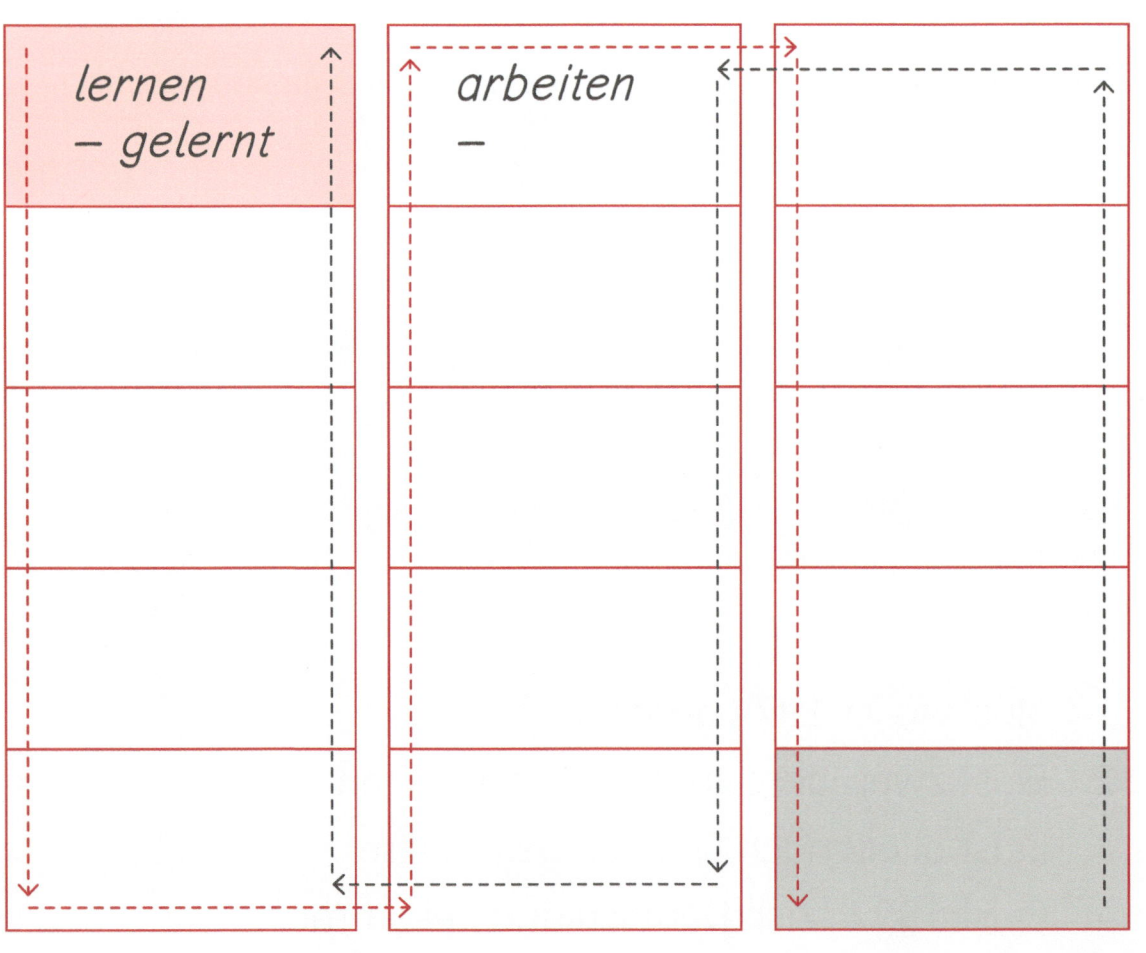

28 Nehmen Sie Ihre Kartonbuchstaben, Buchstabenkärtchen, Anlautbilder, Artikulationsbilder und spielen Sie in Gruppen:

1. Jede Gruppe überlegt sich eine Liste mit Wörtern und Sätzen aus den Lektionen.

2. Die Gruppe legt die Wörter und Sätze mit ihren Materialien auf einen Tisch.

3. Die Gruppen tauschen die Tische und versuchen, alle Wörter zu erkennen.

4. Jede Gruppe liest die Wörter und Sätze auf ihrem Tisch vor. Ist alles richtig? Die anderen kontrollieren.

29 Was sagt man zum Abschied auf Deutsch und in Ihrer Muttersprache? Übersetzen Sie und ergänzen Sie.

Auf Wiedersehen!

Alles Gute!

Bis bald!

Schöne Ferien!

Welche Anlautbilder finden Sie passend? Malen Sie und schreiben Sie auf Deutsch oder in Ihrer Muttersprache.

A _a_

I __

U __

S __

N __

E __

D __

R __

O __

M __

F __

P __

W __

H

G

T

ß

Y

K

B

V ___

Ö ___

L ___

X ___

J ___

Ä ___

Z ___

Qu ___

Sch ___

Ü ___

Ei ___

ch

Eu ___

_er

© Ernst Klett Sprachen GmbH, Stuttgart 2011 | www.klett.de | Alle Rechte vorbehalten. Kopiervorlage zu ISBN-13: 978-3-12-676041-6

A	I	U	S	N
E	D	R	O	M
F	P	W	H	G
T		Y	K	B
V	Ö	L	X	J
Ä	Z	Qu	Sch	Ü
Ei		Eu		

a	i	u	s	n
e	d	r	o	m
f	p	w	h	g
t	ß	y	k	b
v	ö	l	x	j
ä	z	qu	sch	ü
ei	ch	eu	er	

Vorderseite:

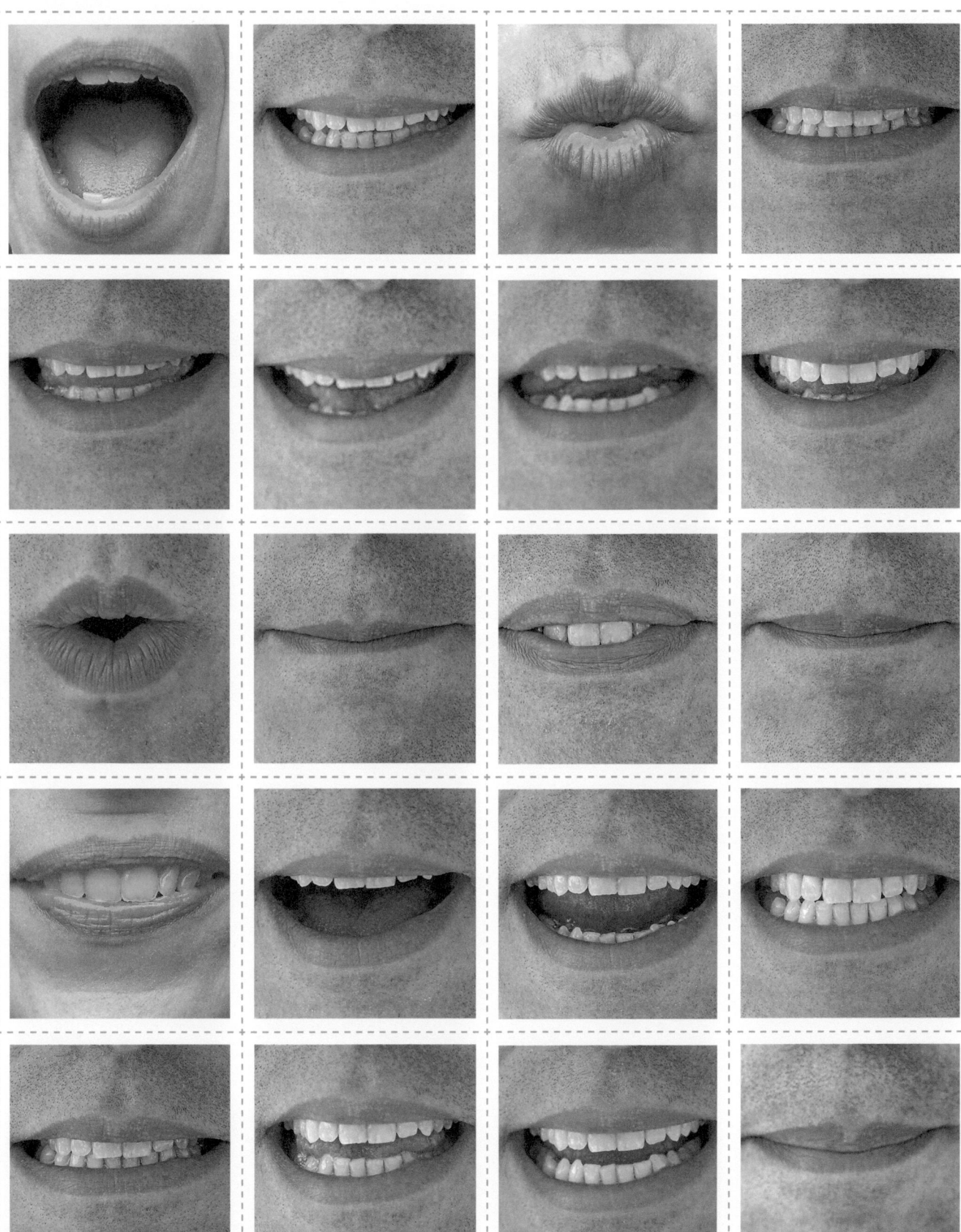

Rückseite:

s	u	i	a
r	d	e	n
p	f	m	o
t	g	h	w
b	k	y	ß

© Ernst Klett Sprachen GmbH, Stuttgart 2011 | www.klett.de | Alle Rechte vorbehalten. Kopiervorlage zu ISBN-13: 978-3-12-676041-6

Vorderseite:

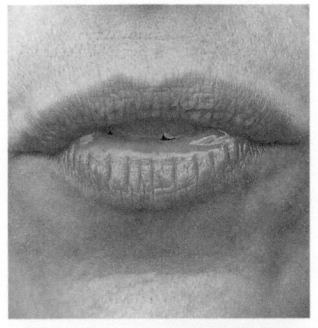 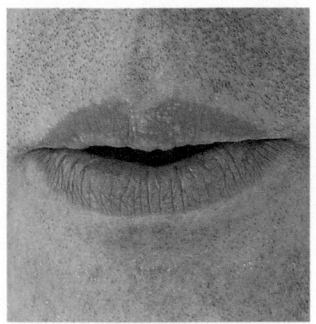 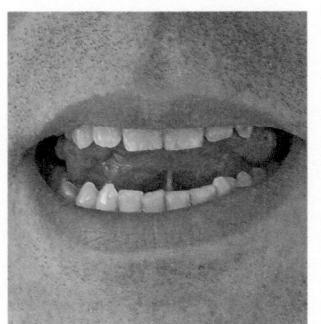 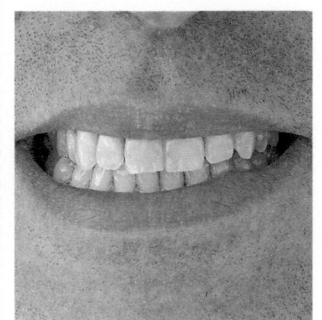

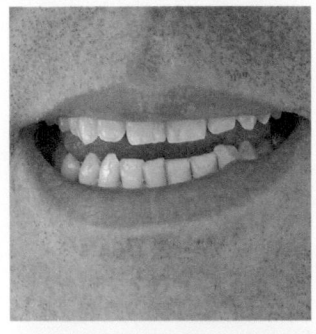 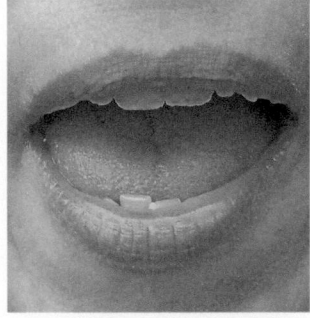 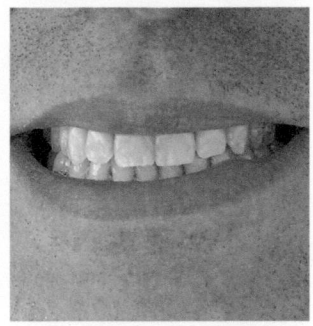

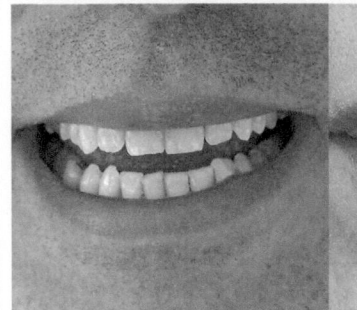 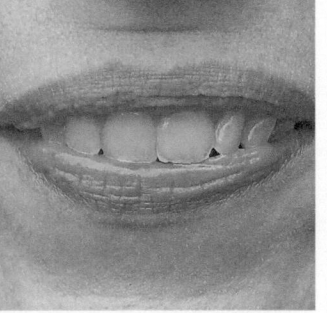 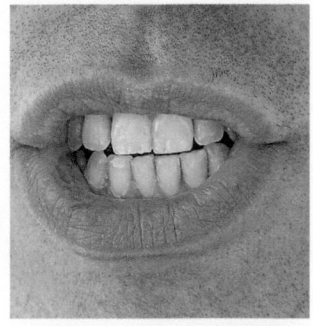 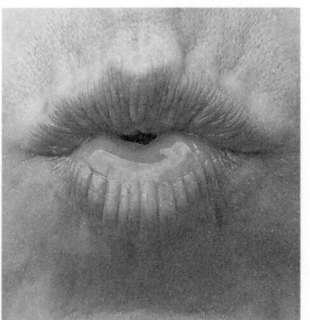

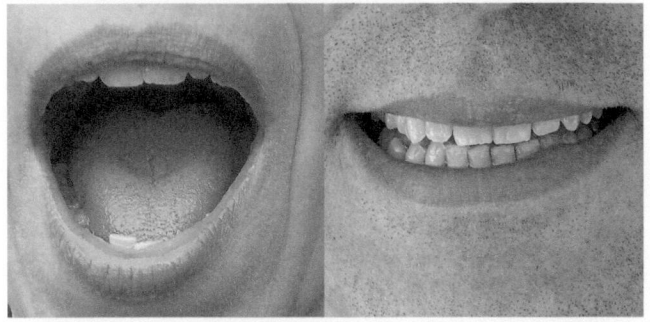 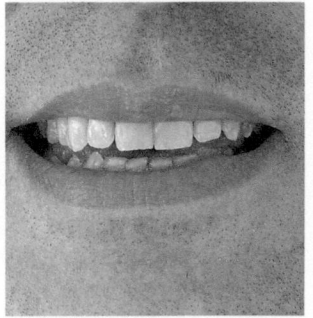 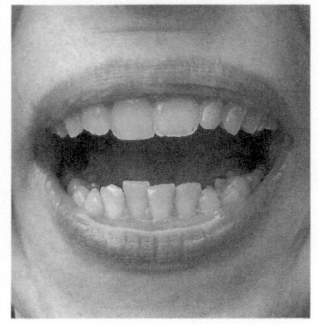

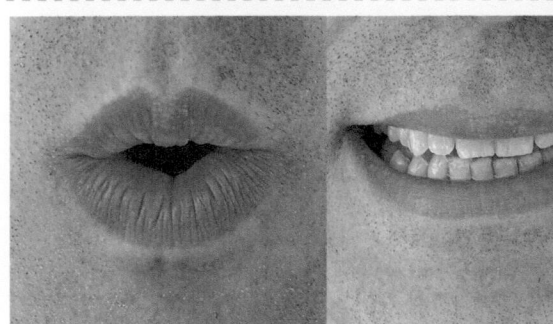 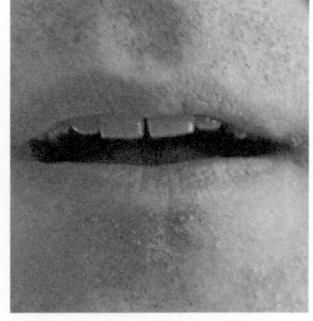

Artikulationskärtchen

Rückseite:

x	l	ö	v
	z	ä	j
ü	sch		qu
ch (ach)	**ch** (ich)		ei
	_er		eu

© Ernst Klett Sprachen GmbH, Stuttgart 2011 | www.klett.de | Alle Rechte vorbehalten. Kopiervorlage zu ISBN-13: 978-3-12-676041-6

Bildquellen

Deutsche Post DHL, Bonn, **22.3;** Deutsche Postbank AG, Bonn, **124;** Dream Maker Software (RF), Colorado, **9.3, 9.7;** Dreamstime LLC (Lucafabbian), Brentwood, TN, **116;** Fotolia LLC, New York: (by-studio), **120.2, 119-120.1;** (Claudia Nagel), **59.5;** (D.aniel), **115.2;** (Daniel Ernst), **97.4;** (Gina Sanders), **94.10;** (Gleb Semenjuk), **43-044.4;** (hornyteks), **57.2;** (Jürgen Fälchle), **59.4;** (Kaarsten), **50.1;** (lagom), **57.2;** (photolars), **97.3;** (PictureP.), **97.7;** (r.classen), **97.2;** (Ruediger Rau), **133;** (seen), **44.4;** (vege), **120.2;** (Vladimir Pospelov), **120.4;** (vloenerjung), **128.2;** (WoGi), **102;** (yobidaba), **97.6, 97.8;** Geoatlas, Hendaye, **9.1, 9.2, 9.4, 9.5, 9.6;** Getty Images RF (Stockbyte), München, **100;** iStockphoto, Calgary, Alberta: (Anne Clark), **115.4, 138.6;** (Benjamin Brandt), **115.6;** (Deborah Connors), **16.1, 147.4, 147.5;** (gerenme), **115.3, 115.7, 115.8, 138.5, 138.7;** (Janet Hastings), **80;** (Kzenon), **94.12;** (makluk), **31;** (Peter Mukherjee), **115.1, 138.8;** (RF), **27.5;** (Wilson Valentin), **U1.1;** (xyno), **37.2;** Klett-Archiv, Stuttgart: **4.3, 85.4;** (Alexis Feldmeier), **109.1, 109.2, 109.3, 123, 155, 155, 155, 155, 155, 155, 155, 155, 155, 155, 155, 155, 155, 155, 155, 155, 155, 155, 157, 157, 157, 157, 157, 157, 157, 157, 157, 157, 157, 157, 157;** (Coleen Clement), **32.2, 50.2, 52, 52.2, 52.3, 52.4, 52.5, 52.6, 52.7, 86.1, 92.3, 104.1, 104.2, 121.1, 121.2, 121.3, 121.4, 121.5, 121.6, 121.7, 121.8, 121.9, 157;** (Stefanie Plisch), **53;** (Steffi Behrmann), **5.1, 5.2, 5.3, 5.4, 5.5, 5.6, 5.7, 5.8, 5.9, 6.1, 6.2, 6.3, 6.4, 6.5, 6.6, 6.7, 7, 7.1, 7.2, 7.3, 11.1, 11.2, 11.3, 11.4, 13, 13.2, 13.3, 13.4, 14, 16.2, 21.1, 21.3, 22.6, 22.7, 22.8, 22.9, 33.1, 33.2, 33.3, 38.2, 40.1, 40.3, 40.4, 40.6, 42.2, 47.1, 60, 60.2, 60.3, 60.4, 65, 67, 70, 81.2, 85.1, 85.2, 85.3, 85.5, 93, 104.3, 105.1, 108.1, 108.2, 108.3, 112, 138.2, 138.4;** (Steffi Plisch de Vega), **4.2, 8.2, 8.3;** (Studio Leupold), **94.7;** (Vera Brüggemann), **21.2;** Logo, Stuttgart, **22.4, 25.1, 25.2;** MEV Verlag GmbH, Augsburg, **132.1;** shutterstock, New York, NY: (Deklofenak), **94.3;** (Diego Cervo), **94.14;** (dipego), **61;** (Elnur), **132.4;** (glyph), **131;** (Ivanova Inga), **139.1;** (Losevsky Pavel), **59.2;** (Mau Horng), **44.3;** (Mike Truchon), **88.1;** (Nadja1), **132.3;** (nito), **39.5;** (Photosani), **56;** (Sergii Figurnyi), **139.2;** (Stephen Finn), **61;** (STILLFX), **132.2;** (studiots), **120.3;** (Subbotina Anna), **41.2;** (Tatiana Popova), **39.3, 84;** (Tom K!), **40.2;** (Villedieu Christophe), **126, 147.3;** (Vladru), **114;** Thinkstock, München: (AbleStock.com), **20, 94;** (BananaStock), **118, 144;** (Digital Vision), **105.3;** (Hemera), **22.2, 26.1, 26.2, 26.3, 26.4, 26.5, 28, 38.1, 39.2, 39.8, 39.13, 40, 40.5, 45, 58, 62.2, 66, 70, 70.3, 86.4, 86.7, 86.8, 86.10, 86.15, 88.2, 94.4, 94.6, 110, 119.4, 120.7, 127.1, 134.2, 147.1, 19-147, 43-044.2;** (iStockphoto), **8.!, 12.1, 22.5, 24, 32.1, 37.4, 37.5, 39.4, 39.6, 39.10, 39.11, 39.12, 40, 40, 40, 41.3, 41.4, 41.8, 42.1, 46.1, 54.1, 62.1, 70.1, 70.2, 70.4, 72.1, 86.2, 86.6, 86.9, 86.12, 86.13, 86.14, 92.1, 94.5, 94.13, 96, 106, 119.2, 120.8, 122, 128.1, 130, 140, 143, 147.2, 170.1, 43-044.1, 43-044.3;** (istockphoto), **39.7, 43.6, 51, 54.2, 56, 62.3, 72.2;** (Jupiterimages), **40;** (photodisc), **41.1;** (Photodisc), **94.8, 104, 120.10;** (PhotoObjects.net), **76, 119.5, 120.5, 120.9;** (Photos.com), **115.5;** (Pixland), **86;** (Stockbyte), **4.1, 39.1, 39.9, 41, 59.5, 70.5, 70.6, 86.11, 105.2, 119.3, 120.1;** Ullstein Bild GmbH (JOKER/Gloger), Berlin, **59.3;** URW, Hamburg, **37.1, 134.1**